clv

Über den Autor

Prof. Dr. Dr. Willem J. Ouweneel (geb. 1944): Studium der Biologie an der Universität Utrecht, 1970: Promotion in Entwicklungsbiologie und Vererbungslehre. Bis 1976 im Dienst der Königlich Niederländischen Akademie der Wissenschaften auf dem Gebiet entwicklungsbiologischer Forschung.

1984 - Promotion mit einer Arbeit zur philosophischen Anthropologie an der Freien Universität Amsterdam, als Buch mit dem Titel *De leer van de mens* erschienen. Seit 1990 Professur für Wissenschaftslehre an einer christlichen Universität in Südafrika. Gleichzeitig Dozent für Philosophie und Psychologie an der Ev. Hochschule Amersfoort.

Vorträge in zahlreichen Ländern zu Themen der Biologie, Psychologie, Philosophie, zum Okkultismus, zur Kulturphilosophie, Apologetik und vor allen Dingen zu Themen der Bibel.

Bekannt wurden vor allem seine Bücher *Operatie Supermens* (Eugenik und Evolutionismus), *Het domein van de slang* (Okkultismus und Mystizismus), sowie *So entstand die Welt, So entstand die Bibel, So entstand Israel, So entstand das Christentum,* in Zusammenarbeit mit W.J.J. Glashouwer.

W. J. Ouweneel

Ende gut – alle(s) gut?

Gibt es eine Allversöhnung?

clv

Christliche
Literatur-Verbreitung e.V.
Postfach 11 01 35 · 33661 Bielefeld

Originaltitel: De Alverzoening
erschienen in BODE VAN HET HEIL IN CHRISTUS

Übersetzung aus dem Holländischen:
Uwe Stötzel, Siegen
Umschlag: Dieter Otten, Bergneustadt
Satz: CLV
Druck und Bindung: Druckhaus Gummersbach

ISBN 3-89397-708-2

Vorwort

»Denn also hat Gott die Welt geliebt, daß er seinen eingeborenen Sohn gab, auf daß jeder, der an ihn glaubt, nicht verloren gehe, sondern ewiges Leben habe.«

(Johannes 3,16)

Dieser Bibelvers zählt wohl zu den bekanntesten schlechthin. Und mit Recht; denn er enthält in knapper Form das »Evangelium der Gnade Gottes« (Apg. 20,24). Welch eine gewaltige Botschaft ist das! Der große, ewige Gott, der alles durch Sein Wort erschaffen hat (Ps. 33,6.9; Hebr. 11,2) und durch das Wort Seiner Macht trägt (Hebr. 1,3), gibt Seinen eingeborenen Sohn, um die Welt vor dem Verderben zu erretten. Unter »Welt« (griechisch *Kosmos*) muß man natürlich in erster Linie die Menschen verstehen. Für diese Menschen, die, verglichen mit Seiner Größe, kleine, nichtige Geschöpfe sind, die auch noch gegen Ihn gesündigt haben, ja, die Seine Feinde sind (Röm. 5,6-10), hat Er Seinen eingeborenen Sohn hergegeben (vgl. 1. Joh. 4,8-10)!

Aber so gewaltig das Evangelium *des Heils* (vgl. Eph. 1,13) in obigem Vers dargestellt wird, so ernst ist auch der Teil, der von *der Verlorenheit* der Welt spricht: »... auf daß jeder, der an ihn glaubt, nicht *verloren gehe* ...« So groß dieser Vers uns *die Liebe Gottes* vorstellt, der Seinen Sohn zu geben bereit war, so klar ist aber auch die Warnung vor *der Verdammnis*. Denn das Teilhaben an der Erlösung wird von dem persönlichen Glauben des Einzelnen abhängig gemacht, d. h. der Mensch muß, nachdem er seinen verlorenen Zustand gesehen und Gott gegenüber anerkannt hat, an diese Gabe Gottes, Seinen Sohn Jesus Christus, glauben, um dem tatsächlichen Verlorengehen zu entrinnen. Auf diesen Glauben hin schenkt Gott dann das ewige Leben durch die neue Geburt (vgl. V. 3 und 7). Dadurch wird der Glaubende fähig, die Gegenwart Gottes zu ertragen, ja, sich dort zu Hause zu fühlen, wie ein Kind da zu Hause ist, wo sein Vater wohnt.

Das ist in kurzen Worten (und daher natürlich unvollständig) die Deutung dieses Verses, die mit dem Gesamtzusammenhang der Schrift harmoniert. Alle Erklärungsversuche – und es gibt wohl kaum einen anderen Bibelvers, den man im Laufe der Zeit so vielfältig interpretiert hat –, die

> an der Notwendigkeit des persönlichen Glaubens auf das Schuldbekenntnis hin und
>
> der Tatsache des ewigen Verlorenseins, wenn dieser persönliche Glaube nicht vorhanden ist,

vorbeigehen, entsprechen nicht dem Evangelium, das durch das ganze Neue Testament hindurch einheitlich bezeugt wird.

Genau dieser Gefahr – der Verwässerung der Botschaft Gottes durch menschliche Überlegungen –, die gerade von der *Allversöhnungslehre* ausgeht, will dieses Buch begegnen. Es ist insbesondere für solche gedacht, die ihrem Bekenntnis nach noch immer die Bibel als das Wort Gottes und als ihre (alleinige) Richtschnur anerkennen. Aber auch denen, die daran zweifeln, ob man nun alles, was in der Bibel steht, so genau nehmen muß, oder ob nicht doch vieles einfach Auslegungssache ist, könnte dieses Buch in der Frage der klaren Botschaft Gottes eine Hilfe sein.

So möchten wir dieses Buch nun der deutschsprachigen Öffentlichkeit vorstellen, begleitet mit der Bitte zu Gott, daß Er Selbst dem Leser helfen möge, Seine Gedanken richtig zu erfassen und ggf. auch so anderen weiterzugeben, damit Sein Wort auch in einer Zeit zunehmender Verwirrung noch klar verkündigt wird.

Als Übersetzer danke ich allen, die mir mit Rat und fundiertem Sachverstand geholfen haben, den ursprünglich im Holländischen als Artikelserie erschienenen Aufsatz für die deutschsprachige Herausgabe aufzubereiten. Es sei noch darauf hingewiesen, daß die Zitate der Bibelstellen dem Wortlaut der Elberfelder Übersetzung in nicht-revidierter Fassung entsprechen.

Der Übersetzer
im Dezember 1992

1. Überblick und verschiedene Zeugnisse

Es ist sicher nicht angenehm, sich mit Irrlehre beschäftigen zu müssen. Wir müssen aber bedenken, daß die Allversöhnungslehre eine große Bedrohung für die Gläubigen darstellt; denn auch viele Christen, die als »bibeltreu« gelten, sind davon beeinflußt. Das ist menschlich gesprochen auch verständlich, denn diese Irrlehre hat eine große Anziehungskraft, sowohl für den menschlichen Verstand, als auch für das Gefühl.

Unsere Empfindungen und Gottes Wort

Fast die ganze Kirchengeschichte hindurch, seit dem Kirchenvater Origenes bis hin zu bekannten Kirchenvätern von heute, hat es sehr geachtete Führer gegeben, die die Lehre der *Apokastasis* (die Allversöhnungslehre) gepredigt haben. (Der Begriff *Apokastasis* bedeutet »Wiederherstellung« und ist Apg. 3,21 entnommen.) Immer wieder hat diese Irrlehre viele Gläubige angesprochen, die tief in ihren Herzen wünschten, daß es doch eine Versöhnung aller Menschen gäbe. Wie schön wäre es, wenn wir wüßten, daß sogar die Hölle einmal ein Ende hätte und daß letztendlich *alle* Menschen durch die Allmacht und Gnade Gottes gerettet werden würden. Auf wen hätte dieser schöne Gedanke, daß Gott so letztendlich über alles Böse triumphieren würde, wohl keine Anziehungskraft…? Wer hat sich noch nie die Frage gestellt, wie sich das ewige Verlorensein so vieler von Gottes eigenen Geschöpfen mit Seiner Liebe reimt? Wer hier nicht mindestens sehr schwierige *Fragen* sieht, hat noch nie ernsthaft über dieses Thema nachgedacht. Gerade solche Menschen, die nicht nachdenken, fallen dieser Irrlehre so leicht zum Opfer. Für unser eigenes Empfinden ist der Gedanke von einer letztendlichen Wiederherstellung aller Menschen zweifellos anziehender als der Gedanke an die nie mehr endende Peinigung so vieler Verlorener, nicht nur (soweit wir wissen) die eines Hitler oder Stalin, sondern auch eines Mahatma Gandhi oder Albert Schweitzer.

Doch hier müssen wir aufpassen; denn ich sagte: »Für unser eigenes Empfinden«. Das aber ist ein schlechter Schiedsrichter in solchen Fragen! Gerade wo unser Herz anfängt, aus sich selbst heraus zu argumentieren, ist es viel weiser, dies zu unterbrechen, um gut auf Gottes Zeugnis in der Schrift zu hören. *Das* allein bestimmt jede Frage. Gedanken wie »Ich kann mir nicht vorstellen, daß Gott dies oder jenes ...« spielen dabei überhaupt keine Rolle. Wenn wir nicht einmal verstehen können, warum Gott den Menschen mit der Möglichkeit zu sündigen erschaffen hat, oder warum Er den Sündenfall zuließ, oder warum Er schon so viele Jahrhunderte hindurch die Menschheit mit den Folgen der Sünde kämpfen läßt, was hat es dann noch zu bedeuten, daß wir uns auch nicht vorstellen können, daß so viele Sünder ewig verloren gehen? Es gibt so vieles, was ich mir nicht *vorstellen* kann, aber das tut doch gar nichts zur Sache. Gott erwartet von mir lediglich demütige Unterwerfung unter Sein Wort.

Übrigens ist es auffallend, daß die Mehrheit der christlichen Kirche stets die Allversöhnungslehre abgewiesen hat, sogar als diese sehr eifrig und (scheinbar) fundiert verteidigt wurde. Darin sehen wir die bewahrende Führung des Geistes Gottes, der in der Gemeinde das Bewußtsein der Heiligkeit und Gerechtigkeit Gottes sowie die klaren Aussagen Seines Wortes lebendig erhielt. Stets blieb sich die Gemeinde (im großen ganzen) dessen bewußt, daß Gottes Heiligkeit nie gegen Seine Liebe ausgespielt werden darf, daß keine Gefühle oder Argumentationen sich je gegen Gottes eigene Aussagen richten dürfen, und daß die Allversöhnungslehre die überaus große Gefahr in sich birgt, der Ewigkeit unbekümmert entgegenzusehen, wodurch der Ernst des Evangeliums untergraben wird.

Beschreibung der Irrlehre

Wie schon gesagt, ist die Lehre der Allversöhnung hauptsächlich auf menschliche Argumentationen gegründet, die etwa folgender Art sind:

a) Eine ewige Höllenstrafe steht im Widerspruch zu der *Liebe* Gottes. Er kann keinen Gefallen daran finden, Menschen bis in Ewigkeit zu quälen und Sich ewig das Weinen und Zähneknirschen von Millionen Unglücklichen anzuhören.

b) Eine ewige Strafe steht im Widerspruch zu der *Gerechtigkeit* Gottes, weil sie in keinem Verhältnis zu den Sünden steht, die der Mensch während seines, verglichen mit der Ewigkeit, verschwindend kurzen Lebens getan hat, so schlimm sie auch sein mögen.

c) Eine ewige Strafe steht im Widerspruch zu der *Heiligkeit* Gottes; denn das würde bedeuten, daß Gott es zuließe, daß Millionen von Menschen ewig damit fortfahren würden, durch ihren Haß und ihr Geschimpfe gegen Ihn zu sündigen.

d) Eine ewige Strafe steht im Widerspruch zu der *Erhabenheit* des Menschen als Geschöpf und Bildträger Gottes; denn sie unterstellt, daß die Verlorenen unter solch einer ewigen Strafe hart bleiben, anstatt aufzugeben und sich vor Gott zu demütigen.

Die Argumente der Allversöhnungslehre, die sich direkter auf die Schrift beziehen, lauten etwa wie folgt:

1) Die Schrift lehrt keine buchstäbliche ewige Strafe, sondern spricht nur in bildlicher Sprache von einer Hölle. Sie benutzt Begriffe wie »Feuer«, »Wurm« und »Finsternis«, die lediglich Bilder sind und nicht buchstäblich aufgefaßt werden dürfen (wo Feuer ist, kann z. B. nicht gleichzeitig Finsternis sein).

2) Die Schrift spricht zwar von ewiger Pein, ewigem Feuer, usw., aber »ewig« hat dort, genau wie an anderen Stellen, nicht die Bedeutung von endlos, nie mehr aufhörend, sondern deutet eine nicht näher spezifizierte, aber sehr wohl begrenzte Zeitperiode an.

3) Die Schrift lehrt,

   a) daß Gott die Errettung aller Menschen will (und wer kann Seinem Willen widerstehen?),

   b) daß Christus für alle Menschen gestorben ist (und wie könnte jemand keinen Teil daran erhalten?) und

   c) daß auch tatsächlich einmal alle versöhnt (wiederhergestellt, lebendiggemacht) werden und sich vor Christus niederbeugen werden.

Zur weiteren Präzisierung muß hier noch hinzugefügt werden, daß wir unter denen, die eine endlose Höllenstrafe für die Ungläubigen leugnen, verschiedene Varianten dieser Irrlehre antreffen. Neben dem *(absoluten) Universalismus*, der tatsächlich annimmt, daß alle Menschen (und sogar der Teufel und seine Engel) einmal durch die Gnade Gottes zur Bekehrung kommen werden, unterscheiden wir auch den *hypothetischen Universalismus*. Dieser beinhaltet die Auffassung, daß die Möglichkeit der Bekehrung stets offen bleibt, sowohl in dem Zwischenzustand (d. h. zwischen Tod und Auferstehung), als auch im ewigen Zustand, wobei aber nicht gesagt ist, daß alle auch wirklich von dieser Möglichkeit Gebrauch machen werden. Ob also jemand tatsächlich eine ewige Höllenstrafe erleiden muß, liegt in seiner eigenen Hand. Auch in der Ewigkeit bleibt es so, daß er über seinen freien Willen verfügen kann, wodurch ihm immer noch die Entscheidung offensteht, zur Einsicht zu kommen und sich vor Gott und Christus zu beugen. Er behält jedoch seine ewige Höllenstrafe in dem Sinn, daß ihm die Qualen ewig anhaften werden, wodurch er immer hinter denen zurückstehen wird, die schon in diesem Leben das Evangelium angenommen haben.

Den Universalismus müssen wir schließlich noch von der sog. *Vernichtungslehre* oder dem *Annihilationismus* (lat. *annihilatio* bedeutet: »zu nichts [= *nihil*] machen«) unterscheiden. Dies ist die Lehre, daß letztendlich die Ungläubigen (mitsamt dem Satan und seinen Engeln) vernichtet werden, d. h. aufhören zu bestehen. Dies wäre dann der zweite Tod. Man nennt diese Lehre auch den *Konditionalismus*, weil sie von dem Gedanken einer konditionellen (= bedingten) Unsterblichkeit ausgeht. Man behauptet, daß kein einziges Geschöpf von Natur aus Unsterblichkeit besitzt, sondern nur Gott Selbst (1. Tim. 6,16), und daß die Gabe der

Unsterblichkeit oder Unvergänglichkeit nur in Christus, durch den Glauben, erlangt werden kann (Röm. 2,7; 2. Tim. 1,10). Die Ungläubigen sind und bleiben daher vergänglich und werden nach dem Gericht vor dem großen weißen Thron dann auch tatsächlich »vergehen«. Dieses Aufhören der Existenz ist (so argumentiert man) folglich die Bedeutung von Ausdrücken wie »Verderben«, »verderbt werden«.

Das Zeugnis der Schrift

Um die Allversöhnungslehre in ihren verschiedenen Varianten zu widerlegen, wollen wir zuerst das klarste und deutlichste Zeugnis, das Wort Gottes, zu uns reden lassen. Wir möchten zuerst die schriftgemäßen Argumente für die Endlosigkeit der Höllenstrafe aller Verlorenen geben. Danach werden wir einige Begriffe näher besprechen, nämlich die Bedeutung der griechischen Wörter für »ewig« und »Ewigkeit« und für »Verderben«. Im weiteren Verlauf wollen wir dann auf die Argumente eingehen, die die Führer der Allversöhnungslehre selbst anführen.

a) Die Ewigkeit der Höllenstrafe

Das Neue Testament spricht im Blick auf Ungläubige (und auch auf den Teufel und seine Engel) über:

- die *ewige Pein* oder *Strafe* (Matth. 25,46)
- das *ewige Feuer* (Matth. 18,8; 25,41; Judas 7)
- das *ewige Verderben* (2.Thess. 1,9)
- *ewige Ketten* (Judas 6).

In Markus 9,29 wird von einer *ewigen Sünde* gesprochen, womit entsprechend dem Zusammenhang dort eine Sünde gemeint ist, die bis in Ewigkeit nicht gesühnt wird. (Einige Handschriften lesen hier *ewige Strafe* oder *ewiges Gericht.)*

Offenbarung 14,11 sagt von den Ungläubigen, die das Tier und sein Bild angebetet haben: »Und der Rauch ihrer Qual steigt auf *von Ewigkeit zu Ewigkeit.«*

Offenbarung 20,10 sagt von dem Teufel und auch von dem Tier und dem falschen Prophet: »sie werden Tag und Nacht gepeinigt werden *von Ewigkeit zu Ewigkeit«*, und zwar in »dem See, der mit Feuer und Schwefel brennt«. Vers 14 zeigt, daß alle Ungläubigen in demselben »zweiten Tod, dem Feuersee« enden.

Wie gesagt, gehen wir später tiefer auf die Bedeutung der Ausdrücke »ewig« und »von Ewigkeit zu Ewigkeit« (oder »bis in alle Ewigkeit«) ein. Zuerst wollen wir zeigen, daß es, unabhängig von diesen Ausdrücken, noch andere Zeugnisse gibt, die die Endlosigkeit der Höllenstrafe klar andeuten.

b) Die Endlosigkeit der Höllenstrafe

Matthäus 25,10-12 gibt deutlich an – wenn auch in der Bildersprache eines Gleichnisses –, daß die Verlorenheit der Ungläubigen unabänderlich ist, *sogar dann, wenn sie in ihrer Verlorenheit auch einmal Reue zeigen sollten* (vgl. 7,22f; Luk. 13,25-28). Ebenso macht Lukas 16,26 klar, daß es (obwohl hier noch nicht der ewige Zustand, sondern eine Zwischenphase gemeint ist) zwischen den Seligen und den Verlorenen eine »große Kluft« gibt, »damit die, welche von hier (dem Ort der Glückseligen) zu euch (dem Ort der Gottlosen) hinübergehen wollen, nicht *können*, noch die, welche von dort zu uns herüberkommen wollen«.

Markus 9,44 umschreibt die Hölle als das »unauslöschliche Feuer« (vgl. Jer. 17,4), und in V. 48 wird in bezug auf die Ungläubigen hinzugefügt: »... wo ihr Wurm nicht stirbt und das Feuer nicht erlischt« (vgl. Jes. 66,24). Was dieses »wo ihr Wurm nicht stirbt« auch bedeuten mag (man denkt hier z. B. an die nie endenden Selbstanklagen der Verlorenen), und wie sehr das »Feuer« auch Bildersprache sein mag, es ändert nichts an der Tatsache, daß diese Ausdrucksweisen auf eine endlose Höllenstrafe der Ungläubigen hinweisen.

Vielleicht weniger bedeutungsvoll, aber doch der Erwähnung wert, ist die Aussage in Johannes 3,36: »... wer aber dem Sohne nicht glaubt (oder ungehorsam ist), wird das Leben nicht sehen, sondern der Zorn Gottes *bleibt* auf ihm.« Hebräer 9,27 lehrt, daß »es den Menschen gesetzt ist, einmal zu sterben, danach aber das Gericht«, womit offenbar gemeint ist, daß im Moment des Todes die Bestimmung eines Menschen für immer festliegt. Danach wird keine neue Gelegenheit zur Bekehrung mehr gegeben.

c) Einige Menschen sind auf jeden Fall für immer verloren

Das Neue Testament bezeugt deutlich, daß zumindest bestimmte Menschen für immer verloren sind, so daß hiermit jedenfalls ein absoluter Universalismus ausgeschlossen ist.

Matthäus 12,32 sagt, daß das Reden eines Menschen wider den Heiligen Geist (was auch immer das sein mag) nicht vergeben werden wird, »weder in diesem Zeitalter noch in dem zukünftigen«. Daß es tatsächlich Menschen gegeben hat, die diese Sünde begangen haben, wird aus dem Zusammenhang klar. Eine gewisse Gruppe von Pharisäern hatte sich in diesem Sinne schuldig gemacht (vgl. Mark. 3,30). Man könnte hier noch einwenden, daß diese Sünde zwar nicht in diesem oder dem folgenden »Zeitalter« vergeben wird, aber möglicherweise doch (noch) in einem »Zeitalter« danach. Doch die schon genannte Parallelstelle in Markus 3,29 schließt diese Erklärung aus: »Wer aber irgend wider den Heiligen Geist lästern wird, hat keine Vergebung *in Ewigkeit,* sondern ist *ewiger Sünde* schuldig.« (Zur Bedeutung von »ewig« bzw. »Ewigkeit« siehe das nächste Kapitel.)

Hebräer 6,4-6 sagt, daß es »unmöglich« ist, gewisse Menschen, die von dem christlichen Glauben »abgefallen sind, wiederum zur Buße zu erneuern«. Und Kapitel 10,26f sagt von solchen Menschen, daß für sie kein Schlachtopfer für Sünden übrigbleibt, »sondern ein gewisses furchtvolles Erwarten des Gerichts und der Eifer eines Feuers, das die Widersacher verschlingen wird«. An sich sind diese Schriftstellen schon schwierig genug, wenn es um die Frage geht, welche Art von Menschen hier genau gemeint ist. Aber wer es auch sei – in jedem Fall scheint es Menschen zu geben, die sich nicht mehr bekehren können, für die es kein Sündopfer mehr gibt und die nichts anderes zu erwarten haben als die Hölle.

Das Zeugnis des Herrn

Es mag noch besonders darauf hingewiesen werden, daß es in den meisten der obengenannten Schriftstellen um Aussagen des Herrn Jesus Selbst ging. Durch die ganze Schrift hindurch hat niemand die Liebe Gottes so sehr zum Ausdruck gebracht wie Er. Niemand kannte ein größeres Erbarmen mit den Verlorenen als Er. Und doch spricht niemand so oft von der ewigen Höllenstrafe wie Er. Niemand hat das ewige Leben und die himmlische Glückseligkeit herrlicher geschildert als Er, aber genauso hat auch niemand jemals so ernst auf das ewige Elend der Verlorenen hingewiesen wie Er! Gerade die Offenbarung der höchsten Liebe geht zwangsläufig mit der Offenbarung der schwersten Strafe einher. Gerade Er, der das Licht der Welt ist, offenbarte die Existenz der äußersten Finsternis. Und so sehr wie das ewige Leben ewig ist, ist auch die ewige Strafe ewig. Die Parallele in Matthäus 25,46 läßt keinen Zweifel darüber.

Weiter möchten wir noch auf 1. Petrus 3,19f hinweisen. Diese Stelle wird oft als Argument dafür herangezogen, daß es auch nach dem Tod noch eine Gelegenheit zur Bekehrung gäbe. Wir lesen dort, daß Christus hinging und den Geistern predigte, die im Gefängnis sind, usw. Sehr oft hat man das so ausgelegt, daß Christus nach Seinem Sterben bzw. nach Seiner Auferstehung in die Hölle hinabgestiegen sei, um dort den Ungläubigen zu predigen. Als Argument für die Allversöhnungslehre ist das jedoch sehr schwach; denn es steht nicht dabei, was Er gepredigt hat. Selbst wenn der Sieg von Golgatha zum Inhalt gehörte, so ist damit noch nicht gesagt, daß alle, die in der Hölle sind (oder auch nur einer von ihnen), noch in den Genuß dieses Sieges kommen können. Genausogut könnte man sich denken, daß eine solche Botschaft gerade die ewige Verlorenheit der Ungläubigen unterstreichen sollte. Wir glauben übrigens nicht, daß Christus in die Hölle hinabgefahren ist. Für unser Thema tut es zwar nicht viel zur Sache, aber wir lesen den Text so: »(der) Geist, in dem Christus (in den Tagen Noahs) auch hinging (vgl. 1. Mose 6,3!) und predigte (mittels Noah; vgl. 2. Petr. 2,5) den (Menschen, von denen die) Geister (jetzt) in Gefangenschaft (sind), die seinerzeit ungehorsam waren, als die Langmut Gottes in (den) Tagen Noahs abwartete ...«, usw.

2. Begriffe

Bisher haben wir eine große Anzahl Schriftstellen zitiert, die deutlich machen, daß die Höllenstrafe für die Ungläubigen »ewig« ist. Aber wir haben uns auch schon daran erinnert, daß die Allversöhnungslehre behauptet, dieses Wort »ewig« weise auf eine begrenzte Zeitdauer hin. Dieses Argument wollen wir jetzt einmal näher unter die Lupe nehmen. Leider bringt das eine ziemlich technische Ausführung mit sich, auf die wir jedoch angesichts der enormen Bedeutung des Themas nicht verzichten dürfen.

Aion: Zeitalter, Ewigkeit

»Ewig« ist im Griechischen *aionios*, ein Eigenschaftswort, das von *aion* abgeleitet ist und sowohl »Zeitalter« als auch »Ewigkeit« bedeuten kann (manchmal auch »Welt«). Es ist völlig richtig, daß *aion* manchmal eine begrenzte Zeitperiode andeutet, wobei es übrigens nicht so sehr um ihre Länge geht, als vielmehr um ihre geistigen Kennzeichen. Denken wir nur an Ausdrücke wie »gegenwärtiger Zeitlauf«[1)], »zukünftiges (messianisches) Zeitalter«[2)] und »Zeitalter« in dem allgemeineren Sinn einer »Haushaltung«[3)]. Auch kann das Wort auf eine »lange Zeit« in der Vergangenheit hindeuten, und zwar in der Ausdrucksweise »von alters«[4)].

Aber genauso deutlich ist es, daß dieses Wort sehr häufig auf die (endlose) »Ewigkeit« hindeutet, sowohl auf die Vergangenheit[5)], die keinen Anfang hat, als auch die Zukunft, die kein Ende hat. Richten wir unsere Aufmerksamkeit auf die folgenden Ausdrücke:

- *eis ton aiona,* »bis in Ewigkeit«, wörtl. »zu der Ewigkeit (oder dem Zeitalter)«[6]; manchmal ist die Bedeutung des Ausdrucks zu »niemals« abgeschwächt, ohne buchstäblich auf die »Ewigkeit« zu verweisen (z. B. Joh. 13,8); aber auch dann wird nie an ein Ende in der Zeit gedacht;
- *eis tous aionas,* »bis in Ewigkeit«, wörtl. »bis in die Ewigkeiten (oder Zeitalter)«[7];
- *eis pantas tous aionas,* »bis in alle Ewigkeit«, wörtl. »bis in alle Ewigkeiten (oder Zeitalter)«, s. Judas 25;
- *eis ton aiona tou aionos,* »bis in alle Ewigkeit«, wörtl. »zu der (oder bis in die) Ewigkeit der Ewigkeit (oder zu dem / bis in das Zeitalter der Zeitalter)«, s. Hebr. 1,8;
- *eis tous aionas [ton] aionon,* »bis in alle Ewigkeit«, wörtl. »zu den (oder bis in die) Ewigkeiten der Ewigkeiten (oder Zeitalter[n] der Zeitalter)«[8];
- *eis pasas tas geneas tou aionos ton aionon,* »bis in alle Geschlechter aller Ewigkeit«, wörtl. »auf alle Geschlechter des Zeitalters der Zeitalter (oder der Ewigkeit der Ewigkeiten) hin«, s. Eph. 3,21.

Aufgrund dieser Aufzählung kann niemand daran zweifeln, daß, wenn wir zunächst von den Stellen absehen, die von dem ewigen Gericht sprechen, *aion* in den zitierten Texten »(endlose) Ewigkeit« bedeutet. In *keiner einzigen* Schriftstelle, wo wir Wortgruppen mit *eis* (»bis« oder »zu«) finden, gibt es einen Hinweis darauf, daß es sich um begrenzte Zeitperioden handeln könnte. Im Gegenteil, in weitaus den meisten Versen ist es sofort völlig deutlich, daß es um die (endlose) Ewigkeit geht. Falls das überhaupt noch möglich ist, wird dies in der Höchststufe (Superlativ) noch klarer: »(bis) in die Ewigkeiten der Ewigkeiten«, worin wir sogar *zweimal* die *Mehrzahl* von »Ewigkeit« finden. Nun, dann kann auch kein Zweifel daran bestehen, daß in Offenbarung 14,11 und 20,10 von einer ewigen, d. h. nie endenden Höllenstrafe für das Tier und den falschen Prophet und deren Anbeter gesprochen wird. Zumindest diese (sehr große) Kategorie von Menschen wird also eine ewige Höllenstrafe erleiden. Damit ist der absolute Universalismus eigentlich schon widerlegt.

Aionios: ewig

Schauen wir uns nun das Eigenschaftswort *aionios*, »ewig«, an. Hier ist die Bedeutung noch viel mehr von »Zeitalter« (begrenzte Zeitperiode) nach »Ewigkeit« verschoben. Nur an drei Stellen hängt *aionios* mit der Bedeutung *aion*, »Zeitalter«, zusammen. Das sind die Stellen Römer 16,25; 2. Timotheus 1,9 und Titus 1,2, wo wir stets den Ausdruck »(die) Zeiten der Zeitalter« finden. Einige Ausleger wollen auch hier an die Bedeutung »Ewigkeit« denken. Auf jeden Fall gibt es aber an *allen* anderen Stellen (und davon gibt es Dutzende) keinen einzigen Hinweis darauf, daß das Wort in dieser eingeschränkten Bedeutung aufgefaßt werden müßte. Im Gegenteil, das Wort wird im Neuen Testament gerade dafür benutzt, um das Unvergängliche, Unverderbliche, über die Zeit Erhabene anzudeuten, das uns durch das Werk von Christus zugänglich geworden ist.

Denken wir z. B. an den Ausdruck *das ewige Leben*. Dies kann im Alten Testament eventuell noch mit dem messianischen Reich auf der Erde in Verbindung gebracht werden (Dan. 12,2), und in diesem Sinn wird es auch von vielen als in der Zeit begrenzt aufgefaßt. Aber sogar in diesem Fall haben wir keinen einzigen Hinweis darauf in der Schrift, daß ein Gläubiger nach dem »zukünftigen Zeitalter« dieses Leben wieder verlieren könnte. Tatsächlich besitzen sie das ewige Leben ja gerade für ewig. Auf jeden Fall ist aber dort, wo der Herr Jesus diesen Ausdruck mit den himmlischen Dingen verbindet, nämlich im Johannes-Evangelium, jede Begrenzung der Zeitdauer völlig unmöglich. Wer dieses Leben hat, geht nicht verloren »in Ewigkeit« (Joh. 10,28; 11,25f). Der Gläubige, der weiß, daß er für den Himmel bestimmt ist, besitzt ferner auch ein »ewiges Heil« (Hebr. 5,9), eine »ewige Erlösung« (9,12) und ein »ewiges Erbe« (9,15), erwartet ein »ewiges Haus« (2. Kor. 5,1; vgl. 1. Kor. 15,53), »ewige Herrlichkeit« (2. Tim. 2,10; vgl. 1. Petr. 5,10: die Herrlichkeit Gottes Selbst!) und einen reichlichen Eingang in das »ewige Reich« (2. Petr. 1,11; vgl. Luk. 1,33). Weiterhin ist der Gläubige auch in Beziehung zu dem »ewigen Gott« gebracht (Röm. 16,26), zu dem »ewigen Geist« (Hebr. 9,14) und Dem, der »in Ewigkeit« derselbe ist (Hebr. 13,8), zu Dem, der »ewige Macht« besitzt (1. Tim. 6,16). Wer könnte auch nur in einem dieser Fälle an eine Begrenzung der Zeitdauer zu denken wagen?

Nirgends wird diese typisch neutestamentliche Bedeutung von *aionios* klarer zum Ausdruck gebracht als in 2. Korinther 4,18, wo das »Ewige« in deutlichem Gegensatz zu dem »Zeitlichen« steht. Deutlich ist auch Philemon 15, wo *aionion* »für immer« bedeutet. Dies ist übrigens die einzige Stelle, wo das Wort ohne ein Hauptwort vorkommt.

Auch hier müssen wir schlußfolgern, daß niemand das Recht hat, in den Stellen, die von der ewigen

Höllenstrafe reden, mit dem Wort *aionios* plötzlich den Gedanken einer begrenzten Zeitdauer zu verbinden. Wenden wir uns z. B. zu Matthäus 25,46. Dort steht die »ewige Strafe« parallel zu dem »ewigen Leben«. Wenn das eine endlos ist, dann auch das andere. In Judas 6 lesen wir von Engeln, die zum Gericht des großen Tages mit »ewigen Ketten« verwahrt werden. Hier bedeutet »ewig« nicht »bis zu diesem großen Tag«, sondern daß an dem großen Tag das definitive Urteil über diese Engel ausgesprochen wird und sie auch danach in der Finsternis des ewigen Feuers bleiben werden. Normale, gesunde, von Vorurteilen freie Auslegung des Wortes Gottes kann unter der »ewigen Strafe«, dem »ewigen Feuer« und dem »ewigen Verderben« nichts anderes verstehen als eine Höllenstrafe, die ständig fortwährt, »bis in alle Ewigkeiten« (Off. 14,11; 20,10).

Als »Beigabe« zu diesem Abschnitt verweisen wir noch auf Klagelieder 3,31, eine Stelle, die in diesem Zusammenhang manchmal angeführt wird: »Denn der Herr verstößt nicht ewiglich.« Nun, so argumentiert man, wenn »ewig« tatsächlich endlos bedeuten soll, dann haben wir hier doch ein deutliches Zeugnis davon, daß der Herr nicht »ewiglich« verstößt. Das ist wahr, aber von wem ist hier die Rede? Von *jedem beliebigen Menschen, der jemals gelebt hat?* Nein, der weinende Prophet gibt hier die Gefühle des treuen Überrestes Israels wieder, eines Überrestes »nach Wahl der Gnade« (vgl. Röm. 11,5), der von den Gerichten Gottes weiß, aber auch von dessen Gnade und Wiederherstellung (vgl. 5,20-22 und z. B. Jes. 54,6-8). Dabei ist zu bedenken, daß es hier nicht um ein ewiges Gericht geht, sondern um die Gerichte, die Gott in seinen Regierungswegen auf der Erde für eine

Zeit über Sein Volk bringt. Solche Gerichte sind nicht »für immer«, sondern dienen der Läuterung und Umkehr.

Vernichtung

Sehen wir uns nun die Stellen an, wo von dem (ewigen) *Verderben* gesprochen wird. Wir müssen diesem Punkt Aufmerksamkeit widmen, weil – wie gesagt - einige Ausleger dieses Wort in dem Sinn von »Vernichtung« auffassen wollen. Sie lehren, daß die Ungläubigen (wie auch der Teufel und seine Engel) nach dem Gericht vor dem großen weißen Thron »verderbt« würden im Sinne von »vernichtet«. Sie würden also aufhören zu existieren.

Nun müssen wir sofort darauf hinweisen, daß eine derartige Auslegung der Wörter für »Verderben« in völligem Widerspruch zu den Schriftstellen steht, die von einer ewigen Peinigung (Off. 14,11; 20,10), von einer »Strafe des ewigen Feuers« (Judas 7), von einem »unauslöschlichen Feuer« und einem nie sterbenden »Wurm« (Mark. 9,43.48) reden. Auch der Ausdruck »ewige Strafe« kann nicht als »für ewig vernichtet« aufgefaßt werden. Oder in welchem Sinn ist »vernichtet werden« eine ewige (niemals aufhörende) Vergeltung? Das ist genausowenig der Fall, wie »jemanden hängen« als eine Form von »lebenslänglich« betrachtet werden könnte.

Wie paßt übrigens eine derartige Vernichtung zu »mit vielen oder mit wenigen Schlägen geschlagen werden« (Luk. 12,47f), d. h. zu der Tatsache, daß jeder gerichtet wird »nach seinen Werken« (Off. 20,12f) und dazu, daß es dem einen im Gericht »erträglicher« ergehen wird als dem anderen (z. B. Matth. 10,15)? Derartige Schriftstellen deuten vielmehr auf Qualen hin, denen der Ungläubige ausgesetzt wird. Aber das ist etwas ganz anderes als Vernichtung. Auch für Stellen, die von »Peinigung« reden, von »unauslöschlichem Feuer«, »Weinen und Zähneknirschen« (Matth. 8,12), »Drangsal und Angst« (Röm. 2,9), trifft dies zu. Man könnte zwar versuchen, dieses Argument zu entkräften, indem man behauptet, daß die Ungläubigen zuerst eine Zeit lang gepeinigt und erst danach vernichtet würden. Die »vielen« oder »wenigen Schläge« könnten sogar auf ein begrenztes Strafmaß hinweisen. Aber dann kann man nicht mehr aufrechterhalten, daß »Verderben« »Vernichtung« bedeutet, weil ja die Hölle selbst offenbar dieses »Verderben« ist (vgl. Matth. 10,28; 2. Thess. 1,9). Auch müßte man dann voneinander unabhängige Hinweise in der Schrift finden, die darauf hindeuteten, daß die Höllenstrafe zeitlich begrenzt wäre. (Das gilt auch für diejenigen, die meinen, daß die Ungläubigen nach einer begrenzten Höllenstrafe noch das Heil empfangen.) Wir finden jedoch gerade das Umgekehrte, nämlich viele Stellen, die auf deren Endlosigkeit hinweisen. Die »vielen« oder »wenigen Schläge« müssen also als Bildersprache für die Schwere der zugemessenen ewigen Höllenstrafe interpretiert werden.

Verderben

Wenden wir uns jetzt den griechischen Wörtern für »Verderben« zu.

1) *Apoleia,* das »Verderben«, wozu auch *apollymi,* »verderben«, gehört. Dieses Tätigkeitswort hat nicht den Sinn von »vernichtet werden«, sondern von »verloren gehen«, »untergehen«. Es geht nie-

mals um den Verlust des »Seins«, sondern um den des »Wohlbefindens«.[9] Dies kann unter anderem den Verlust des irdischen Lebens bedeuten,[10] aber das beinhaltet, auch den Anhängern der Vernichtungslehre nach, noch nicht die Vernichtung, die Beendigung der Existenz. Dann ist es aber völlig willkürlich, das Wort in den folgenden Stellen doch so lesen zu wollen: Matthäus 10,28 (»sowohl Seele als Leib zu verderben vermag in [der] Hölle«); Johannes 3,16; 10,28; Röm. 2,12; 2. Korinther 2,15; 4,3; 2. Thessalonicher 2,10; 2. Petrus 3,9 (»verloren gehen«); Jakobus 4,12 (»verderben«). Ebenso bedeutet *apoleia* nie die »Vernichtung«, sondern »moralischer Untergang, Verlust (des ewigen Heils)«[11]. Es gibt keinen Anhaltspunkt in der Schrift, daß dieses Wort je ein Aufhören der Existenz bedeutet.

2) *Olethros*, das »Verderben«, hängt mit *olothreuo*, »verderben«, zusammen, das nur in Hebräer 11,28 (»Zerstörer«; wörtl. »der, der … zerstörte«) vorkommt. *Olethros* finden wir in 1. Korinther 5,5: »Verderben (= Untergang, Zerstörung, Verwüstung) des Fleisches« (keine Vernichtung; denn dieses Fleisch wird wieder auferweckt; vgl. 1. Tim. 6,9); 1. Thessalonicher 5,3: »Verderben« in dem Sinn von Gericht, vielleicht unter Einschluß des ewigen Gerichts, aber gewiß nicht im Sinn von Vernichtung; 2. Thessalonicher 1,9: »ewiges Verderben«, d. h. die endlose Höllenstrafe; ganz sicher keine Vernichtung; denn dann hätte der Zusatz »von (dem) Angesicht des Herrn (hinweg)« keinen Sinn (wer nicht mehr existiert, ist weder nahe noch fern).

3) *Phtora*, das »Verderben«, die »Vergänglichkeit«; das zugehörige Tätigkeitswort *phteiro* bedeutet

»verderben«, »zum Verderben gehen«, oder moralisch »verderben«, »zugrunde richten«[12]. Des weiteren geht die Bedeutung des Tätigkeitswortes in Richtung »ewiges Verderben« in 2. Petrus 2,12 («… in ihrem eigenen Verderben umkommen«; wir finden hier sowohl *phtora* als auch *phteiro*) und Judas 10 (»darin verderben sie sich«, d. h. richten sie sich selbst zugrunde). *Phtora* bedeutet das Vergängliche, Verderbliche, Verlorengehende,[13] aber nie in dem Sinn, daß etwas aufhört zu existieren. Es ist wie ein Gegenstand, der über Bord geht, im Meer verschwindet, verloren geht, nie mehr zum Vorschein kommt, aber zugleich auch nie aufhört zu existieren. In Galater 6,8 bezieht sich das Wort schon sehr deutlich auf das ewige Verderben, weil es dort im Gegensatz zu dem ewigen Leben steht (vgl. auch 2. Petr. 2,12).

Zusammenfassend stellen wir fest, daß keines der Wörter für »Verderben« im Neuen Testament die Bedeutung von Vernichtung hat, also von der Beendigung des Bestehens. Wir fügen noch hinzu, daß die Vertreter der Vernichtungslehre zusätzlich mit einem falschen Verständnis des Begriffs »Tod« geplagt werden. Wir stellten schon fest, daß sie den zeitlichen, leiblichen Tod unmöglich als eine Vernichtung auffassen können. Ebensowenig ist der moralische Tod als Folge der Sünde (Eph. 2,1) eine Form von Vernichtung, in welchem Sinn auch immer. Vielmehr beinhaltet er, von Gott abgewandt bzw. von der Gemeinschaft mit Ihm abgeschnitten zu sein, aber keine Vernichtung. So ist der zweite Tod nichts anderes als eine Intensivierung des moralischen Todes, d. h. für ewig von Gott abgeschnitten oder getrennt (vgl. wieder 2. Thess. 1,9!), aber nicht vernichtet zu sein. »Verderben« heißt nicht, dem Bestehen des Menschen ein Ende zu setzen, sondern ihn für ewig einem Ort und einem Zustand der Trennung von Gott preiszugeben. An diesen Tatsachen prallen die Argumente für die »Vergänglichkeit« des Menschen (des Menschen, der von Natur aus keine »Unsterblichkeit« besitzen soll) sofort ab. Übrigens *ist* ein Mensch, der dem »zweiten Tod« preisgegeben ist, auch in einem gewissen Sinn nicht »unsterblich«, nämlich in dem, daß er nicht sterben kann; denn er *ist* tot, aber das ist etwas ganz anderes, als wenn er vernichtet wäre.

3. Weitere Argumente

Nach dieser Darstellung der schriftgemäßen Lehre – die Schrift lehrt, daß die Ungläubigen für immer in die Hölle verwiesen werden, um dort für immer, fortwährend, gestraft zu werden – wollen wir auf weitere Argumente eingehen, die die Anhänger der Allversöhnungslehre vorbringen.

Ist die Hölle wörtlich oder bildlich zu verstehen?

Nun haben auch die Vertreter der Allversöhnungslehre selbst bestimmte »schriftgemäße« Argumente angeführt, die wir schon weiter oben aufgezählt haben. Zum Teil haben wir auch schon versucht, sie zu widerlegen, aber einigen müssen wir doch noch unsere Aufmerksamkeit widmen. Zuerst ist da das Argument, die Schrift rede lediglich in bildhafter Sprache von der Hölle, so daß wir aus diesem Sprachgebrauch nicht auf eine ewige Höllenstrafe schließen dürften.

Diese Behauptung beruht jedoch auf einer mangelnden Unterscheidung zweier Gesichtspunkte, nämlich erstens der Art und Weise, wie die Schrift von dem Bestehen einer Hölle als solcher redet und zweitens, wie diese Hölle mit ihren Qualen geschildert wird. Das ganze Problem besteht darin, daß die Schrift von einer *buchstäblichen* Hölle redet, diese jedoch (tatsächlich) in *bildhafter* Sprache beschreibt. Sie spricht in genauso bestimmter Weise von einer Hölle wie von einem Himmel, jedoch in bildhafter Sprache, wie z. B. von dem himmlischen Jerusalem. Wir können doch wohl kaum annehmen, daß es dort *buchstäbliche* Perlentore und goldene Straßen geben wird! Dennoch würde kein bibeltreuer Christ deswegen zu der Ansicht kommen, daß dieses himmlische Jerusalem als solches (in der Zukunft) nicht wirklich bestehen würde! Sowohl die Wirklichkeit des Himmels, als auch die der Hölle *müssen* uns in einer bildhaften, d. h. der irdischen Wirklichkeit entlehnten Sprache beschrieben werden, weil wir uns anderenfalls absolut keine Vorstellung davon machen könnten. Aber das schwächt doch nicht im Geringsten die Tatsache ab, daß Himmel und Hölle *als solche* wirkliche, buchstäblich existierende Orte sind. So spricht die Schrift also von einem wirklichen Ort, an den die Ungläubigen für ewig verwiesen werden. Daß die Qualen der Verlorenen uns lediglich in übertragenem Sinn beschrieben werden können, nimmt nichts von der Realität dieser Qualen an sich weg.

Ist das Heil für alle Menschen?

Bedeutungsvoller sind jedoch die Argumente, mit denen unter Berufung auf die Schrift behauptet wird, Gott wolle, daß alle Menschen errettet werden, Christus sei für alle Menschen gestorben, und letztendlich werde auch tatsächlich alles wiederhergestellt werden. In der Tat scheint es bei oberflächlichem Lesen so zu sein, daß die Allversöhnungslehre hier eine ziemlich starke Stütze findet. Führen wir zunächst die wichtigsten Schriftstellen an, um die es geht.

a) »Gott will, daß alle Menschen errettet werden«

- 1. Tim. 2,4: »unser Heiland-Gott, welcher will, daß alle Menschen errettet werden«;

- 2. Petr. 3,9: »Er ist langmütig gegen euch, da er nicht will, daß irgend welche verloren gehen, sondern daß alle zur Buße kommen.«

b) *»Christus ist für alle Menschen gestorben«*

- Joh. 1,29: »Siehe, das Lamm Gottes, welches die Sünde der Welt wegnimmt«;
- 2. Kor. 5,14f; »… daß einer für alle gestorben ist … und er ist für alle gestorben«;
- 1. Tim. 2,5f: »Denn Gott ist einer, und einer Mittler zwischen Gott und Menschen, der Mensch Christus Jesus, der sich selbst gab zum Lösegeld für alle«;
- Hebr. 2,9: »… so daß er durch Gottes Gnade für alles (oder jeden) den Tod schmeckte«;
- 1. Joh. 2,2: »Und er ist die Sühnung für unsere Sünden, nicht allein aber für die unseren, sondern auch für die ganze (viele übersetzen: die der ganzen) Welt.«

c) *»Das Heil wird allen Menschen geschenkt«*

- Joh. 3,17: »Denn Gott hat seinen Sohn nicht in die Welt gesandt, auf daß er die Welt richte, sondern auf daß die Welt durch ihn errettet werde«,
- Joh. 4,42: »Dieser ist wahrhaftig der Heiland der Welt« (vgl. 1. Joh. 4,14);
- Joh. 12,47: »Ich bin nicht gekommen, auf daß ich die Welt richte, sondern auf daß ich die Welt errette«;
- Röm. 3,23f: »Alle haben gesündigt und … werden umsonst gerechtfertigt durch seine Gnade«;

- Röm. 5,18f: »wie es durch eine Übertretung gegen alle Menschen zur Verdammnis (gereichte), so auch durch eine Gerechtigkeit gegen alle Menschen zur Rechtfertigung des Lebens. Denn gleichwie durch des einen Menschen Ungehorsam die Vielen in die Stellung von Sündern gesetzt worden sind, so werden auch durch den Gehorsam des Einen die Vielen in die Stellung von Gerechten gesetzt werden«;
- Röm. 11,32: »Denn Gott hat alle zusammen in den Unglauben eingeschlossen, auf daß er alle begnadige«;
- 1. Kor. 15,22: »In dem Christus werden alle lebendig gemacht werden«;
- 2. Kor. 5,19: »Gott war in Christus, die Welt mit sich selbst versöhnend«;
- 1. Tim. 4,10: »Gott, der ein Erhalter (oder Retter, Heiland) aller Menschen ist, besonders der Gläubigen«;
- Tit. 2,11: »Die Gnade Gottes ist erschienen, heilbringend für alle Menschen.«

d) »Gott wird in Christus alle Dinge wiederherstellen«

- Apg. 3,21: »welchen freilich der Himmel aufnehmen muß bis zu den Zeiten der Wiederherstellung aller Dinge«;
- 1. Kor. 15,28: »Gott wird alles in allem (oder allen) sein«;
- Eph. 1,10: »… alles unter ein Haupt zusammenzubringen in dem Christus, das was in den Himmeln und das, was auf der Erde ist«;
- Phil. 2,10f: »… auf daß in dem Namen Jesu

jedes Knie sich beuge, der Himmlischen und Irdischen und Unterirdischen, und jede Zunge bekenne, daß Jesus Christus Herr ist«;

- Kol. 1,20: »… und durch ihn alle Dinge mit sich selbst zu versöhnen, … es seien die Dinge auf der Erde oder die Dinge in den Himmeln«;
- Off. 5,13: »Und jedes Geschöpf, das in dem Himmel und auf der Erde und unter der Erde und auf dem Meere ist, und alles, was darinnen ist, hörte ich sagen: Dem, der auf dem Throne sitzt, und dem Lamme die Segnung … (usw.)«;
- Off. 21,5: »Und der auf dem Throne saß, sprach: Siehe, ich mache alles neu.«

Wenn wir nun auf diese Schriftstellen eingehen, müssen wir zuerst feststellen, daß keine davon dem Gedanken einer ewigen Höllenstrafe direkt widerspricht. Auch lehrt keine einzige dieser Stellen, daß diese Strafe nur eine begrenzte Zeit andauert, oder daß diejenigen, die dorthin verwiesen werden, nach einer Zeit auch noch zur Bekehrung kommen und gerettet werden. Ebenfalls geht nicht direkt aus ihnen hervor, daß nach dem Tod noch so etwas wie eine »zweite Chance« bestehen würde (im Gegenteil; siehe Hebr. 9,27) oder daß man sich einige Zeit nach dem Tod noch immer bekehren könnte. Das sollte doch denen etwas zu sagen haben, die aus den obengenannten Stellen schnell schließen, daß letztendlich alle Menschen, die je gelebt haben, gerettet werden. *Sie kommen nicht um das biblische Zeugnis herum, daß es eine endlose Höllenstrafe für Ungläubige gibt.* In diesem Sinn müssen die obigen Texte dann auch erklärt werden.

Nun könnte man natürlich auch das Umgekehrte behaupten. Man könnte sagen, daß die obigen Schriftstellen unzweideutig klarmachen, daß letztendlich alle Menschen gerettet werden, und darum müssen die Stellen, die von einer endlosen Höllenstrafe zu sprechen scheinen, in diesem Sinne erklärt werden. Wer so argumentiert, dreht also die gesamte Darlegung genau um, was auf den ersten Blick eine ziemlich auswegslose Situation erzeugt; denn hier scheinen zwei Gruppen von Schriftstellen in direktem Widerspruch zueinander zu stehen. Die eine Gruppe lehrt die ewige Höllenstrafe für die Ungläubigen, die andere die letztendliche Rettung aller Menschen. Jeder, der die ganze Schrift ernst nimmt, muß also wählen, welche der zwei Gruppen er zunächst gelten läßt, um dann zu versuchen, die eine im Licht der anderen »wegzuerklären«.

Ist das tatsächlich die Situation? Mit Sicherheit nicht! Vielmehr bin ich davon überzeugt (und hoffe, das auch zeigen zu können), daß es einerseits ein *unmißverständliches* biblisches Zeugnis für die Endlosigkeit der Höllenstrafe gibt, und daß andererseits *keine einzige* der obengenannten Stellen tatsächlich lehrt, daß letztendlich alle Menschen gerettet werden.

Der Wille Gottes

Was die Schriftstellen in Rubrik a) betrifft, so lesen wir tatsächlich in 1. Timotheus 2,4 und in 2. Petrus 3,9, daß Gott will, daß alle Menschen errettet werden bzw. zur Bekehrung kommen. Nun, so könnte man fragen, wer könnte je dem Willen Gottes widerstehen (vgl. Röm. 9,19)? Wenn Gott es will, dann *werden* doch auch alle Menschen gerettet, oder etwa nicht? Wenn ein Mensch sich nun in *diesem* Leben nicht bekehrt, wird Gott dann nicht ganz gewiß dafür sorgen, daß es nachher doch noch geschieht?

Dies scheint wirklich ein starkes Argument zu sein. Aber die große Frage ist, in welchem Sinn hier von dem Willen Gottes gesprochen wird. Aus der Schrift kann ein deutlicher Unterschied zwischen zwei verschiedenen Arten des Willens Gottes abgeleitet werden.

a) Zuerst ist da Sein Wille, dem sich niemand widersetzen kann, d. h. der absolute, souveräne Wille Gottes. Dieser Wille hat mit dem *Ratschluß* Gottes zu tun. Hier liegt von vornherein alles fest, und zwar völlig unabhängig von dem Willen und der Verantwortlichkeit des Menschen. Gute Beispiele finden wir in Galater 1,4 und Epheser 1,5.9.11; vgl. auch Römer 9,16.18: »Also liegt es nun nicht an dem Wollenden, noch an dem Laufenden, sondern an dem begnadigenden Gott … So denn, wen er will, begnadigt er, und wen er will, verhärtet er.«

b) Zweitens finden wir den Willen Gottes, dem man widerstehen kann. Diese Art des Willens Gottes hat mit Seinen *Wegen* zu tun, in denen Er Seinen Willen dem Menschen bekannt macht, dieser jedoch gemäß der ihm gegebenen Verantwortung davon abweichen kann. Hier steht der Wille Gottes dem des Menschen gegenüber; denn durch die Sünde kann er dem Willen Gottes widerstehen, d. h. ungehorsam sein. Man könnte hier von dem *wünschenden* Willen Gottes sprechen (vgl. Luk. 12,49). Das treffendste Beispiel dafür im Zusammenhang mit der Errettung ist Matthäus 23,37 und Lukas 13,34: »Wie oft habe ich deine Kinder versammeln wollen … und ihr habt nicht *gewollt.*«

Hier steht der »wünschende« Wille von Christus dem sündigen Unwillen des Menschen gegenüber, der das angebotene Heil nicht annehmen will. In diesem Zusammenhang denken wir auch an Stellen, an denen die einladende Stimme von Christus einen Appell an den Willen des Menschen richtet, wie z. B. in Johannes 7,17 (»Wenn jemand seinen *Willen* tun *will*....«) und in Offenbarung 22,17 (»wer da *will*, nehme [das] Wasser des Lebens umsonst«). Weiter unten kommen wir darauf zurück, daß Gott vom Standpunkt der Verantwortlichkeit des Menschen aus gesehen dessen sündigen Unwillen »respektiert« und den Menschen zuletzt an einen Ort verweist, wo dieser bis in Ewigkeit in diesem selbst gewählten Unwillen verbleiben kann.

Für alle Menschen?

Unter Rubrik b) finden wir zwei Stellen, die davon reden, daß Christus für alle bzw. für alles (oder: für jeden) gestorben ist (2. Kor. 5 und Hebr. 2). An diese beiden Aussagen sind zwei Fragen zu knüpfen:

a) Bedeutet »alle« oder »jeder« hier alle Menschen, die je gelebt haben, oder hat das eine eingeschränkte Bedeutung?

b) Bedeutet die Tatsache, daß Christus für alle gestorben ist auch wirklich, daß alle errettet werden?

Die zuerst genannte Frage wird auch noch bei verschiedenen anderen Schriftstellen zur Sprache kommen. Man wird sich stets fragen müssen, was die genaue Tragweite dieses Ausdrucks »alle« in jedem einzelnen Text ist. So scheint er in Hebräer 2 zwar eine allgemeine Bedeutung zu haben, es ist aber dort nicht klar, ob es »alles« oder »jeden« heißen muß. Wenn »alles« die richtige Wiedergabe ist, bedeutet es »alle Dinge«, und wir werden sogleich sehen, daß das nicht notwendigerweise »alle Menschen« einschließt.

In 2. Korinther 5 ist es nicht sicher, ob das »alle« eine allgemeine Bedeutung hat, weil es in V. 15 weiter heißt: »... auf daß die, welche leben, nicht mehr sich selbst leben, sondern dem, der für sie gestorben ist und ist auferweckt worden.« Hieraus könnte man ableiten, daß Christus nur für alle diejenigen gestorben ist, die auch tatsächlich zu neuem Leben kommen. Der Ausdruck »die, welche leben« scheint doch eine Kategorie anzudeuten, die sich von »denen, die noch tot sind« unterscheidet.

In Verbindung damit ist es sehr verständlich, daß die reformierte Theologie unter dem Begriff »alle« sowohl hier als auch an vielen anderen Schriftstellen einfach davon ausgeht, daß es hier um »alle Auserwählte« geht. Das klingt zwar weithergeholt, aber es ist zumindest eine Lösung der schwierigen lehrmäßigen Frage, wie groß die Tragweite des Erlösungswerkes Christi ist. Im Lauf der Zeit sind die verschiedensten Sichtweisen geäußert worden:

1. Christus ist nur für die Auserwählten gestorben und hat nur ihre Sünden gesühnt. Die Nichtauserwählten sind deshalb für ewig verloren, weil für ihre Sünden keine Sühnung getan worden ist.

2. Christus ist für alle Menschen gestorben. Praktisch bedeutet das, daß das Heil auch allen Menschen angeboten werden kann; dies ist die Seite der Verantwortlichkeit des Menschen, der entscheiden muß, ob er dieses Heil annimmt oder ablehnt. Andererseits hat Christus nur die Sünden derer wirk-

lich gesühnt, die sich tatsächlich auch bekehren bzw. von Gott auserwählt sind; dies ist die Seite des ewigen souveränen Ratschlusses Gottes.

3. Christus ist für alle Menschen gestorben bzw. hat im Prinzip die Sünden aller Menschen getragen, aber diese Versöhnung wird dem Menschen erst tatsächlich zugerechnet, wenn er sich bekehrt. Tut er das nicht, dann werden seine Sünden nicht wirklich gesühnt, und er wird nach seinen Werken für ewig gerichtet werden.

4. Christus ist für alle Menschen gestorben bzw. hat die Sünden aller Menschen getragen und auch wirklich gesühnt, so daß diejenigen, die sich nicht bekehren, nicht wegen ihrer Sünden verloren gehen, sondern wegen ihres Unglaubens.

5. Die letzte »Lösung« ist dann diejenige der Allversöhnungslehre: Christus hat die Sünden aller Menschen tatsächlich gesühnt, so daß letztendlich auch wirklich alle Menschen gerettet werden.

Nun ist es nicht meine Absicht, alle diese Sichtweisen hier zu besprechen. Mit dieser Aufzählung möchte ich lediglich zeigen, daß es sehr schwierig ist, die vielen Schriftstellen zu diesem Thema in ihrem rechten Zusammenhang zu sehen und die schriftgemäße Lehre von der Versöhnung richtig zu verstehen. Aber damit ist zugleich auch gesagt, daß es nicht angeht, daraus so ohne weiteres auf die Allversöhnung zu schließen. Wer das tut, hat offenbar noch nie über die damit verbundenen Schwierigkeiten nachgedacht. Jedenfalls steht eines felsenfest: *Keine dieser Schriftstellen sagt deutlich genug aus, daß letztendlich wirklich alle Menschen gerettet werden.* Wir werden dies natürlich sogleich weiter verfolgen, aber auf jeden Fall stellen wir hier schon fest, daß, sollte es richtig sein, daß Christus für alle Menschen gestorben ist (was nicht feststeht!), dies noch nicht notwendigerweise bedeutet, daß darum auch alle Menschen gerettet werden. Eine derart weitgehende Schlußfolgerung müßte von anderen Schriftstellen bestätigt werden.

Aus Kategorie b) bleiben noch drei Stellen übrig, die wir uns noch näher ansehen müssen.

Johannes 1,29 sagt, daß das Lamm Gottes die Sünde der Welt wegnimmt. Viele lesen diesen Vers so, als ob es hier hieße »die Sünde*n* der Welt«. In diesem Fall könnte man nicht anders lesen, als »die Sünden aller Menschen«. Aber selbst wenn dort stehen würde, daß Christus die Sünden aller Menschen weggenommen hat, dann wäre das noch kein Beweis für die Allversöhnung, sondern höchstens ein Argument für die »allgemeine Versöhnung«, d. h. für die Lehre, daß Christus zwar die Sünden aller Menschen getragen hat, aber daß diejenigen, die das nicht glauben, dennoch verloren gehen. Aber es heißt nicht »Sünde*n*«, sondern »Sünd*e*«. Man kann daher aus dem Satzzusammenhang mindestens genauso klar entnehmen, daß Christus die *Sündenmacht* aus dem Kosmos (d. h. die Welt oder das ganze Weltall) wegnehmen wird. In diesem Fall versteht man unter »Welt« »alle Dinge« (nicht »alle Menschen«!). Auf diesen Ausdruck werden wir weiter unten bei der Behandlung von Kolosser 1,20 noch einmal stoßen.

1. Timotheus 2,6 sagt, daß Christus Sich Selbst gegeben hat als Lösegeld »für alle«. Zuerst haben wir es wieder mit der Frage zu tun, ob es wirklich feststeht, daß es hier um »alle Menschen, die je gelebt haben oder noch leben werden«, geht. Wenn man dies

annimmt, taucht die zweite Frage auf: Was ist die Tragweite und Bedeutung des kleinen Wortes »für« (griech. *hyper*), das hier benutzt wird? Diese Stelle erinnert uns unmittelbar an Matthäus 20,28 und Markus 10,45: »der Sohn des Menschen ist (...) gekommen, ... um (...) sein Leben zu geben als Lösegeld für (griech. *anti*) viele.« Wir können nun die Frage anders stellen: Was ist der Unterschied zwischen »für (*hyper*) alle« und »für (*anti*) viele«? Nun, *anti* bedeutet »an Stelle von« und *hyper* »sich ausstreckend nach« im Sinne eines Angebots. Das heißt also für die Bedeutung von 1. Timotheus 2, daß Christus ein Lösegeld bezahlt hat, dessen Wert allen Menschen angeboten wird. Und für Matthäus 20 (und Markus 10) bedeutet es, daß das Lösegeld, das Christus bezahlt hat, nur einer begrenzten Gruppe, die mit »viele« angedeutet wird, tatsächlich zugute kommt. Wir sind uns indes bewußt, daß dies eine menschliche Erklärung ist. Aber es ist wenigstens eine Erklärung, die dem Unterschied in den Präpositionen im Griechischen und dem zwischen »viele« und »alle« Rechnung trägt. Jedoch geben wir dieser Erklärung gegenüber der der Allversöhnungslehre, die aus den zwei Ausdrücken faktisch ein und dasselbe macht, den Vorzug.

Schließlich haben wir noch die Stelle in 1. Johannes 2. Auch hier beschränken wir uns auf die notwendigen Fragen. An dieser Stelle steht, daß Christus die Sühnung (oder das Sühnopfer; A.d.Ü.) für »unsere« Sünden ist, d. h. natürlich für die Sünden aller Gläubigen. Aber der Text sagt nicht notwendigerweise aus, daß Christus die Sünden aller Menschen gesühnt hat. Erstens kann man zwar »für die der ganzen Welt« übersetzen, aber auch »für die ganze Welt«, und dann kann »Welt« dasselbe bedeuten wie weiter oben in Verbindung mit Johannes 1,29 ausgelegt wurde. Zweitens: Selbst wenn man liest: »Sühnung für die Sünden der ganzen Welt«, dann ist damit noch nicht zwangsläufig ausgesagt, daß alle Sünden auch tatsächlich gesühnt sind bzw. daß also niemand mehr wegen seiner Sünden verloren gehen könnte. Wieder einmal geht es hier um die genaue Tragweite und Bedeutung der im Griechischen benutzten Vorsilben »für« (hier wieder eine andere: *peri*). Aber auch damit müssen wir uns hier nicht weiter beschäftigen. Es reicht aus, darauf hinzuweisen, daß 1. Johannes 2 nicht zwangsläufig lehrt, daß die Sünden aller Menschen tatsächlich gesühnt sind (und sie daher nicht mehr gerichtet werden könnten).

Werden alle gerechtfertigt?

Wir kommen jetzt zu den Stellen unter Kategorie c): »Das Heil wird allen Menschen geschenkt.« Wir möchten uns diese Schriftstellen eine nach der anderen näher ansehen.

- Johannes 3,17; 4,42; 12,47 und 1. Johannes 4,14 sagen nicht, daß die ganze Welt auch tatsächlich errettet wird, sondern geben lediglich die diesbezügliche Absicht von Gott bzw. Christus wieder. Man kann hier wieder an das denken, was schon weiter oben über den »wünschenden« Willen Gottes gesagt worden ist.
- Römer 3,23f ist (zusammen mit 11,32) vielleicht das »stärkste« Argument der Allversöhnungslehre. Hier steht doch klar und deutlich, daß »alle« gesündigt haben – das kann doch nur bedeuten: »alle Menschen, die je gelebt haben oder noch leben

werden« – und umsonst gerechtfertigt werden! Hier *steht* es doch, daß alle Menschen für ewig gerettet werden!? Nein, das steht hier nicht. Die Rechtfertigung wird in den Versen 21-31 mindestens neunmal immer mit derselben *Bedingung* verbunden, nämlich dem *Glauben*. Anders ausgedrückt: Der Zusammenhang macht klar, daß »alle« nur gerechtfertigt werden, *soweit* sie geglaubt haben. Es gibt nichts in diesem Abschnitt oder irgendwo anders in der Schrift, was auch nur im geringsten darauf hinweist, daß letztendlich tatsächlich alle Menschen *zum Glauben kommen werden*. Vielmehr lehrt sie, daß die Rechtfertigung zwar für alle ist, aber sie sagt nicht, daß auch wirklich alle einen Anteil daran erhalten, indem sie zum Glauben kommen.

Einige Ausleger sehen die folgenden zwei Gesichtspunkte in Vers 22: »... Gerechtigkeit Gottes durch Glauben an Jesus Christus an (alle und über) alle, die glauben«. Wenn die Lesart in den Klammern richtig ist, dann meinen diese Ausleger, hier einerseits das *Angebot* der Gnade (»*an* alle« = alle Menschen) und andererseits die Annahme davon (»*über* alle, die glauben«) zu sehen.

Übrigens ergibt sich aus dem Zusammenhang noch ein zweiter Grund, warum »alle« in Vers 24 nicht »alle ohne Ausnahme« bedeutet. Es heißt vielmehr »alle ohne Unterschied« (vgl. V. 22b), was aber etwas ganz anderes ist. Die gesamte Darlegung des Apostels Paulus ist darauf ausgerichtet klarzumachen, daß die *moralische* Stellung des Juden vor Gott der eines Heiden gleichkommt. Trotz der *äußerlichen* Vorrechte des Juden war dieser von Natur aus genauso ein Sünder wie die Heiden und genauso abhängig von der Gnade Gottes, die aufgrund des Glaubens geschenkt wird. In diesem Licht gesehen könnten wir Vers 23f also wie folgt etwas freier wiedergeben: »Denn beide (Juden und Heiden) haben gesündigt ... und können beide nur umsonst gerechtfertigt werden durch Gottes Gnade, durch die Erlösung, die Christus Jesus bewirkt hat und die sowohl Jude als auch Heide nur aufgrund des Glaubens zuteil wird.«

- Römer 5,18f ist ein gutes Beispiel der zwei genannten Aspekte. In Vers 18 geht es um das Angebot der Gnade. Wir lesen dort von »allen Menschen«, und Paulus benutzt die Präposition »für«[14)]: »es [gereicht] durch eine Gerechtigkeit *für alle Menschen* zur Rechtfertigung des Lebens«, d. h. alle Menschen können von der durch Christus bewirkten Gerechtigkeit profitieren. Die Folgen Seines Werkes reichen aus für alle Menschen. In V. 19 hingegen geht es nicht um das Angebot, sondern um die tatsächliche Annahme der Gnade. Es geht um die, die tatsächlich »zur Rechtfertigung gesetzt werden«. Aber hier ist dann auch keine Rede von »allen Menschen«, sondern von »den Vielen«. Gewiß, dieser Ausdruck *könnte* auch alle Menschen einschließen – in Vers 19a ist das auch tatsächlich der Fall – aber es *muß* nicht notwendigerweise so sein. Im Gegenteil, dafür ist der Unterschied, den der Apostel hier zwischen »alle Menschen« und »die Vielen« macht, zu deutlich. In Vers 18 meint er zweimal die gesamte Menschheit, aber in Vers 19 stellt er sozusagen zwei Familien einander gegenüber: »die Vielen«, die zu der Familie des ersten Adam gehören und »die Vielen«, die zu der des letzten Adam gehören. Auch hier wiederholen wir, daß es gut möglich ist, daß jemand mit dieser Auslegung nicht einverstanden ist. Aber es ist jedenfalls eine Auslegung, die sowohl dem Unterschied zwischen »alle« und »viele«, als auch der Unterschiede im Satzbau Rechnung trägt, während die Allversöhnungslehre den beiden Versen 18 und 19 eigentlich dieselbe Aussage zuschreibt, ohne diese Unterschiede zu berücksichtigen.

- In bezug auf Römer 11,32 können wir uns kurz fassen, weil dieser Vers völlig mit 3,23 vergleichbar ist. Genau wie wir es bei dessen Besprechung schon getan haben, können wir aufgrund der genannten Argumente die folgende etwas freiere Übersetzung dieses Verses angeben: »Denn Gott hat beide (sowohl den Juden als auch den Heiden) unter (den) Unglauben einbegriffen, damit Er beiden ohne Unterschied dieselbe Barmherzigkeit erweisen möge, jedenfalls unter der Bedingung des Glaubens, der das Gegenteil des Unglaubens ist« (vgl. V. 30f). Auch hier wird durch den Zusammenhang ausdrücklich klargemacht, daß die Bedingung des Glaubens auch für V. 32 gilt.

- 1. Korinther 15,22 sagt zwar, daß in Christus alle Menschen lebendig gemacht werden, aber nichts in diesem Abschnitt gibt uns das Recht zu behaupten, damit sei die Errettung gemeint. Dieses »Lebendigmachen« steht hier mit der Auferstehung in Verbindung. Nun, jeder Christ weiß, daß letztendlich alle Gestorbenen wieder auferstehen werden; aber es gibt eine »Auferstehung des Lebens« und eine »Auferstehung des Gerichts« (Joh. 5,29), eine Auferstehung zur Errettung und eine Auferstehung zur Verdammnis. Aber, sagt die Allversöhnungslehre, macht nicht gerade Johannes 5 klar, daß nur die Auferstehung der Gläubigen eine Auferstehung *zum Leben* ist? Wenn es dann in 1. Korinther 15 heißt, daß alle Menschen lebendig gemacht werden, bedeutet das dann nicht, daß diejenigen, die zum Gericht auferstehen, *letztendlich doch noch* das Leben empfangen werden? Nennt Offenbarung 20 diejenigen, die zum Gericht auferstehen, nicht noch immer »Tote«? Muß man dann nicht annehmen, daß ihre Lebendigmachung im Sinne von 1. Korinther 15 erst später stattfindet?

Die einfache Antwort auf diese Fragen steht in Offenbarung 20,5: »Die übrigen der Toten wurden nicht lebendig bis die tausend Jahre vollendet waren.« Mit dieser Stelle sind natürlich allerlei Schwierigkeiten verbunden, wie z. B. die Frage, wann diese »tausend Jahre« erfüllt werden, und ob alle Toten zugleich auferstehen oder die ungläubig Gestorbenen erst tausend Jahre später. Aber das tut hier alles nichts zur Sache. Worum es geht ist, daß diese Auferstehung nach den »tausend Jahren« in jedem Fall auch die Ungläubigen umfaßt. Sie werden zwar auch nach ihrer Auferstehung noch »Tote« genannt, aber diese Auferstehung wird nichtsdestoweniger eine »Lebendigmachung« genannt. »Lebendigmachung« hat gewöhnlich zwei Bedeutungen: Der Ausdruck kann Bezug haben auf den physischen Leib bei der Auferstehung, ob es nun um Gläubige oder Ungläubige geht (dies ist die Bedeutung in 1. Kor. 15,22 und Off. 20,5), oder er kann in Verbindung stehen mit dem neuen Leben der Wiedergeburt (vgl. Eph. 2,5; Kol. 2,13). Es gibt nichts in 1. Korinther 15, was uns veranlaßt, an letzteres zu denken, ganz im Gegenteil.

- 2. Korinther 5,19 sagt, daß Gott in Christus war, die Welt mit Sich Selbst versöhnend. Hier steht nicht, daß Gott die Welt mit Sich versöhnt *hat*, wie manche Ausleger viel zu schnell lesen. Übrigens, selbst wenn das dort stehen würde, so müßte immer noch näher erläutert werden, daß hier mehr gemeint ist, als daß Gott einfach eine Versöhnung für die Welt zustande gebracht hat, es also hier über das allgemeine Angebot der Gnade hinausgeht (vgl. weiter oben bei 1. Joh. 2,2). Aber was dort steht, ist, daß Gott »in Christus versöhnend *war*«. Als Christus auf der Erde war, reichte Gott der Welt in ganz besonderer Weise die Hand der Versöhnung, sowie Er danach dieses »Wort der Versöhnung« in die Hände Seiner Diener gelegt hat (V. 19f). Die Tatsache, daß auch diese noch immer ausgehen, um das Wort zu predigen, damit Menschen versöhnt *werden*, weist schon darauf hin, daß die ganze Welt noch nicht versöhnt *ist* (und übrigens auch nie werden wird).

- In 1. Timotheus 4,10 bedeutet das mit »Erhalter« übersetzte Wort in der Tat eigentlich »Erretter« oder »Heiland«. Es heißt dann also dort, daß Gott ein »Erretter aller Menschen ist«. Aber was bedeutet dann das darauf Folgende: »... besonders der Gläubigen«? Schenkt Gott die ewige Errettung den Ungläubigen, aber besonders den Gläubigen? Was soll man sich darunter vorstellen? Rettet Gott sogar solche Menschen, die nie, sogar in Ewigkeit nicht, zum Glauben kommen (wollen)? Und in welcher Hinsicht rettet Er dann die Gläubigen »besonders«? Soweit ich weiß, kommen hier nur zwei Lösungen in Betracht: Entweder bedeutet das betreffende griechische Wort hier in der Tat »Erhalter« in dem Sinn, daß es hier lediglich um Gottes Vorsehung geht, Seine Sorge für alle Seine Geschöpfe. Oder es geht hier wirklich um die ewige Errettung, aber dann in diesem Sinn: Gott ist im Prinzip der Heiland aller Menschen (d. h. alle Menschen können prinzipiell errettet werden), aber tatsächlich nur von denen, die glauben (vgl. wieder 2,4-6).

- Titus 2,11 berichtet uns, daß die Gnade Gottes erschienen ist, »heilbringend für alle Menschen«. Hier steht nicht, daß alle Menschen auch wirklich dieses Heils teilhaftig werden. Wiederum ist dies ein Beispiel für das, was man das allgemeine *Angebot* der Gnade nennt, ohne daß damit gesagt wird, daß alle Menschen dieses Angebot auch annehmen.

Alle Dinge wiederhergestellt

Unter Rubrik d) (»Gott wird in Christus alle Dinge wiederherstellen«) sind einige Schriftstellen angeführt, die von der letztendlichen Wiederherstellung »aller Dinge« oder von »allem« (im Griechischen dasselbe Wort) reden. Diese Stellen sind Epheser 1,10; Kolosser 1,20 und Offenbarung 21,5. In Apostelgeschichte 3 steht dieser Ausdruck im zweiten Fall (»aller Dinge«). Dabei kann man nicht sehen, ob das Wort sächlich oder männlich ist. Man könnte daher dort auch lesen: »Wiederherstellung aller Menschen«, aber das ist wegen der drei anderen Stellen nicht sehr wahrscheinlich. Jedenfalls kann niemand beweisen, daß es in Apostelgeschichte 3 »alle Menschen« heißen *muß*; damit wird dieser Text als Argument für die Allversöhnungslehre zunichte. Wir meinen nämlich, daß, wenn man »alle Dinge« liest, dies nicht dasselbe ist wie »alle Menschen« oder auch nur »alle Menschen« umfaßt.

Tatsächlich wird das auch aus dem Zusammenhang klar. In Apostelgeschichte 3 wird das Anbrechen dieser Zeiten der Wiederherstellung bzw. Wiederbelebung von Buße und Bekehrung abhängig gemacht (V. 19). Die große Wiederherstellung selbst beinhaltet also diese Bekehrung nicht und führt auch nicht zu einer allgemeinen Bekehrung, sondern sie *folgt auf diese* (d. i. hier die Bekehrung Israels). Die Bekehrung einer Gruppe von *Menschen* führt zur Wiederherstellung aller *Dinge*. Denselben Unterschied finden wir in den anderen genannten Stellen. In Epheser 1,10f werden »alle Dinge«, die unter Christus vereinigt werden, von den Gläubigen, die Erben mit Christus sind, unterschieden. Sie sind also auch den Gläubigen unterstellt und können sie daher nicht beinhalten. In Kolosser 1,20-22 wird die Versöhnung »aller Dinge« ebenfalls von der der Gläubigen unterschieden. *Bald* werden »alle Dinge« in dem Universum versöhnt, aber für »euch« ist das *jetzt schon* der Fall. In Offenbarung 21,5 erklärt Gott, daß Er »alle Dinge« neu macht, aber in V. 8 werden die Ungläubigen ausdrücklich davon ausgenommen: »Den Feigen *aber* und Ungläubigen … – ihr Teil ist in dem See, der mit Feuer und Schwefel brennt, welches der zweite Tod ist.« Die Versöhnung oder Erneuerung »aller Dinge« in den Himmeln und auf der Erde beinhaltet die Reinigung des Universums, damit ein neuer Himmel und eine neue Erde kommen (vgl. den Zusammenhang in Off. 20,11; 21,1.5). In diesem Licht kann dann auch

1. Korinther 15,28 verstanden werden: »Gott wird alles in allem (oder: allen) sein.« Vergleiche hiermit Epheser 1,23 und Kolosser 3,11, wo Paulus denselben Ausdruck in Verbindung mit Christus benutzt. Er deutet eine bestimmt Fülle an, die nur schwer näher zu umschreiben ist. Aber auf jeden Fall gibt es keinen einzigen Anlaß dafür, hier an die Versöhnung aller Menschen zu denken. Der Ausdruck kann genausogut mit »alles in allem« übersetzt werden. Die Ausdrucksweise in 1. Korinther 15 steht völlig in einer Linie mit Offenbarung 21,5: »Siehe, ich mache alles neu.« In Vers 8 wird aber für die Verlorenen ausdrücklich etwas anderes gesagt. Auch das Argument, daß nach Vers 26 als »letzter Feind der Tod weggetan wird« und daß daher auch der zweite Tod einmal ein Ende habe, geht nicht auf. Das Zunichtemachen des Todes wird ja in Offenbarung 20,14 näher beschrieben. Dort heißt es: »Und der Tod und der Hades wurden in den Feuersee geworfen. Dies ist der zweite Tod, der Feuersee.« Der *leibliche* Tod findet also ein Ende (vgl. V. 5f und 11-14!), indem er (symbolisch ausgedrückt) in den »zweiten Tod«, den ewigen Tod, »geworfen« wird. Schließlich bleiben noch Philipper 2,10f und Offenbarung 5,13 übrig, die sehr ähnlich sind. Hier sehen wir, daß sich einmal »alle Geschöpfe« aus allen Herrschaftsbereichen der geschaffenen Welt vor Christus niederbeugen, Seine Herrschaft anerkennen und Gott verehren werden. Wir glauben, daß es keinen Grund gibt, den Ausdruck »alle Geschöpfe« bzw. »jedes Geschöpf« irgendwie einzuschränken. Die Frage ist hier nur, ob dieser Kniefall vor Christus notwendigerweise bedeuten muß, daß es sich um *bekehrte* Geschöpfe handelt. In Philipper 2 geht es eigentlich um ein Zitat aus Jesaja 45,23, wo Gott allen Völkern zwar ein Angebot der Gnade

macht (V. 22), jedoch zugleich mitteilt, daß auf jeden Fall *alle* sich vor Ihm niederbeugen werden, ob sie dieses Angebot nun annehmen oder nicht.

In Römer 14,11 wird dasselbe Wort aus Jesaja angeführt. Dort wird es mit unserer Verantwortung vor dem Richterstuhl Gottes in Verbindung gebracht. Nun, wir wissen, daß *alle* Menschen einmal vor diesem Richterstuhl offenbar werden müssen (s. 2. Kor. 5,10; Matth. 25,31f; Off. 20,11-15), sowohl Gläubige als auch Ungläubige. Aus Römer 14 geht dann hervor, daß *alle,* sowohl Gläubige als auch Ungläubige, ihre Knie vor Gott bzw. Christus werden beugen müssen. Dies hat nichts mit ihrer Bekehrung zu tun, sondern es zeigt einfach, daß auch die Ungläubigen einmal gegen ihren Willen, gezwungenermaßen, die Herrschaft von Christus und Gott anerkennen, ja, Ihm Huldigung bringen müssen. Aber es gibt nichts in diesen Schriftabschnitten, das uns zu der Annahme zwingt, daß dies einmal bei allen von Herzen geschehen wird.

Eine Illustration hiervon finden wir bei David. Wir lesen in den Psalmen, daß *alle* Seine Feinde sich vor Ihm niederbeugten und Ihm Huldigung brachten, aber daß dies »schmeichelhaft« (oder »heuchlerisch«; siehe den holl. Text; A.d.Ü.) geschah (Ps. 18,45; 81,16). Wir lesen dies auch in bezug auf den Herrn in Psalm 66,3: »Wie furchtbar sind deine Werke! Wegen der Größe deiner Stärke unterwerfen sich dir deine Feinde mit Schmeichelei.« Und in Micha 7,16f heißt es: »Die Nationen werden es sehen und beschämt werden über all ihre Macht (oder: »... beschämt werden, all ihrer Macht beraubt«, siehe holl. Text; A.d.Ü.) ... sie werden hervorzittern aus ihren Schlössern; sie werden sich bebend wenden zu Jahwe, unserem Gott, und vor dir sich fürchten.«

4. Argumente, die nicht der Schrift entnommen sind

Man kann sich wohl fragen, ob es nötig ist, auch den nicht auf der Schrift basierenden Argumenten noch Zeit und Aufmerksamkeit zu widmen. Doch es ist dies ganz bestimmt notwendig, weil gerade diese Argumente die Gläubigen (auch bibeltreue!) im allgemeinen am meisten beeindrucken. Wir haben sie schon zu Anfang dieses Buches kurz aufgezählt. Kurz zusammengefaßt wurde darin behauptet, daß das Denkbild einer ewigen Höllenstrafe im Widerspruch steht zu

a) Gottes Liebe (die keine ewige Qual Seiner Geschöpfe ertragen kann),

b) Gottes Gerechtigkeit (die für endliche Sünden keine unendliche Strafe auferlegt),

c) Gottes Heiligkeit (die nicht zulassen kann, daß Menschen ewig fortfahren zu sündigen) und

d) der Erhabenheit des Menschen als Geschöpf und Bildträger Gottes (was ausschließt, daß der Mensch in Ewigkeit nicht zur Einkehr kommen würde).

Menschliche Argumentation

Bevor wir kurz auf diese Argumente eingehen wollen, müssen wir einige Dinge sehr deutlich feststellen. Diese Argumente sind nicht nur nicht direkt der Schrift entnommen, sondern sie sind nicht einmal indirekt darauf zurückzuführen. Schon allein darum sind es unschriftgemäße Argumente. Sie sind allein das Ergebnis menschlicher Überlegungen. Nicht jede menschliche Überlegung führt notwendigerweise zu Unwahrheiten, aber sie muß sich dann doch durch das Wort und den Geist leiten lassen. Wir müssen daher sehr auf der Hut sein vor der Art von Argumentation, die sagt: »Ich kann mir nicht vorstellen, daß die Liebe (oder Gerechtigkeit, Heiligkeit) Gottes wirklich so oder so ...« Die Frage ist ja nicht, was wir uns »vorstellen« können, sondern was Gott uns in Seinem Wort offenbart. Nun, über letzteres kann es keinen Zweifel geben; denn

a) positiv lehrt die Schrift unumstößlich, daß es für ungläubig Gestorbene eine ewige (= endlose) Höllenstrafe geben wird,

b) negativ lehrt die Schrift nirgendwo direkt, daß es so etwas wie eine »zweite Chance« (eine erneute Gelegenheit für Bekehrung oder Tod) gibt oder daß in dem Zwischenzustand oder in der Hölle noch Menschen zur Bekehrung kommen werden, oder daß Gott überhaupt noch Menschen aus dem »Ort der Qual« (dem Zwischenzustand; siehe Luk. 16,23. 28) oder der Hölle in den Himmel hinüberrettet.

An diesem Punkt wird die Diskussion also eigentlich zu der Frage, ob der Andersdenkende wirklich bereit ist, sich völlig dem Zeugnis der Schrift zu unterwerfen. In der modernen Theologie ist die Allversöhnungslehre (natürlich, könnten wir sagen) weit verbreitet, aber mit diesen Gegnern reden wir nicht einmal, weil für sie das biblische Zeugnis schon längst nicht mehr maßgebend ist. Was gibt es dann noch zu debattieren? Nun, wir sprechen zu denen, die noch von Herzen auf dem Boden des geoffenbarten und inspirierten Wortes Gottes stehen wollen. Sind sie nicht sehr stark in Gefahr, aus purer menschlicher Logik das überdeutliche Zeugnis der Schrift übergehen zu wollen? Sehen sie nicht, daß ihre ganze Stellungnahme auf nichts anderem beruht als auf a) dem fortwährenden Wegargumentieren von überdeutlichen Stellen und b) dem fortwährenden »Hineinlesenwollen« von Denkbildern in Bibeltexte, in denen diese gar nicht zu finden sind? Dies zu zeigen war der Sinn der bisherigen Darlegung.

Kommen wir jetzt zu diesen »menschlichen Argumentationen«. Es ist nicht zu leugnen, daß sie für das Fleisch eine starke Anziehungskraft haben. Auch ich kann (was mein natürliches Vorstellungsvermögen betrifft) mir nicht vorstellen, wie Gottes Liebe es zulassen kann, daß Millionen von Menschen ewige Qual leiden werden. Aber was heißt das schon? Ich kann mir nämlich ebensowenig vorstellen, wie Gottes Liebe es hat zulassen können, daß der Mensch in Sünde fiel. Vielleicht kann ich mir gerade noch erklären, daß Gott nur einen echten »Bildträger« erschaffen konnte, wenn dieser auch eine eigene Verantwortlichkeit besaß, was die Möglichkeit eines Sündenfalls beinhaltete. Aber sehr viel schwieriger ist die Frage, warum Gottes Liebe nicht verhindert hat, daß das auch tatsächlich geschah, oder warum Gott den Fall nicht unmittelbar wieder ungeschehen machte, oder warum Er nicht von Anfang an die Folgen des Sündenfalls weggenommen hat, oder wie Seine Liebe nun schon so viele Tausende von Jahren das furchtbare Leiden der Menschheit hat ansehen können.

Aber was bedeutet es schon, daß ich mir das nicht vorstellen kann? Im Glauben nehme ich das Zeugnis der Schrift in diesen Punkten an und bin mir zugleich bewußt, daß mein Verstand viel zu klein ist, um diese

Geheimnisse Gottes zu ergründen. Auch wenn ich das Leiden in dieser Welt nicht mit Gottes Liebe vereinbaren kann, so muß es dennoch eine Übereinstimmung geben; denn sowohl das Leiden als auch die Liebe Gottes sind nicht zu leugnende Tatsachen. Aber dann muß auch die Hölle mit Gottes Liebe übereinstimmen, auch wenn ich vielleicht nicht sagen kann, wie das geht.

Wohlgemerkt, ich bin mir sehr gut dessen bewußt, daß es auf alle diese Fragen die ganze Kirchengeschichte hindurch allerlei scharfsinnige Antworten gegeben hat. Einige dieser Antworten sprechen mich zwar an, andere weniger oder überhaupt nicht. Aber auch das sagt absolut nichts; denn es geht hier ja immer um den menschlichen Verstand, der mit all seinem Scharfsinn doch nichts anderes als mangelhafte Theorien aufzustellen weiß über das, was letztendlich ein Geheimnis Gottes ist und auch bleiben muß. Der einzige Nutzen, den solche Theorien für den Moment haben können, ist, daß sie den Anhängern der Allversöhnungslehre zeigen können, daß die logischen Schlußfolgerungen ihres Vorstellungsvermögens mit genausoviel Scharfsinn auch durch andere logische Schlüsse ersetzt werden können. Diese sind genauso wenig wert, zeigen aber auf jeden Fall, daß die Logik der Allversöhnungslehre nicht zwingend ist. Es gibt Alternativen zuhauf, die alle genauso gut durchdacht sind, sei es nun die reformierte Auserwählungslehre oder die der »allgemeinen Versöhnung« oder andere Lösungen, die anderswo näher untersucht worden sind.

Die Liebe Gottes – die Größe des Menschen

Und doch wollen wir die menschliche Logik andererseits nicht derart geringschätzen, als ob den Argumenten der Allversöhnungslehre überhaupt nichts entgegenzusetzen wäre. Zuerst zwei Gedanken zu der Liebe Gottes. Erstens glauben wir, daß wir gegenüber dem, was die Allversöhnungslehre behauptet, genausogut den Fall annehmen können, daß die Aussicht auf eine ewige Höllenstrafe ein Beweis der Liebe Gottes ist. Dies hängt auch mit dem vierten Argument zusammen, das die Erhabenheit des Menschen als Bildträger Gottes betrifft. Warum könnte man nicht folgendes sagen: Gott sieht in Seiner Liebe den Menschen in dessen Erhabenheit als Gottes eigenes Bild und Gleichnis so hoch an, daß, wenn der Mensch sich sein ganzes Leben lang geweigert hat, zu Gott zu sagen: »Dein Wille geschehe«, Gott dann schließlich zu ihm sagt: »Dein Wille geschehe.« Gott respektiert sozusagen den Entschluß des Menschen – als so erhaben betrachtet Er dessen Freiheit und Verantwortlichkeit (die Er Selbst ihm gegeben hat).

Gott sagt gleichsam zu dem Ungläubigen: »Gut, du hast dich selbst entschieden, daß du Mir nicht dienen willst; du hast Meine Gemeinschaft und Liebe nicht ertragen können und wollen. Nun, dann habe Ich einen Ort für dich, wo Meine Gemeinschaft und Liebe dich nie mehr ›stören‹ werden. Nur wirst du als freies und verantwortliches Geschöpf auch die volle Konsequenz dieser vollkommenen Gottverlassenheit tragen müssen! Du kannst deine Wahl nicht mehr rückgängig machen; denn du bist ja kein kleines Kind mehr. Du hast deine Wahl bewußt getroffen und wußtest, was die Folgen davon sein würden.« Wir geben zu, daß auch dies nur eine menschliche Argumentation ist. Aber darum ist sie noch nicht bedeutungslos. In jedem Fall ist die Argumentation nicht von vornherein schlechter als das, was die

Allversöhnungslehre über die Liebe Gottes behauptet.

Auch in einer zweiten Hinsicht wird die Liebe Gottes (und übrigens auch Seine Gerechtigkeit) »sogar« aus einer ewigen Höllenstrafe deutlich, und zwar darin, daß es in dieser Strafe eine deutliche Abstufung gibt. Die Schrift lehrt, daß Gott den Menschen »nach seinen Werken« richten wird (Römer 2,6; 2. Kor. 5,10; 11,15; 2. Tim. 2,14; 1. Petr. 1,17; Off. 2,23; 18,6; 20,12f; 22,12) und daß der eine eine strengere Strafe empfangen wird als der andere (Matth. 10,15; 11,24; Lukas 10,12.14; 12,46f; in Matth. 24,51 wird über das besondere Los der Heuchler im Gericht gesprochen). Wie schrecklich die Sünde in den Augen Gottes auch sein mag, Seine Liebe und Gerechtigkeit machen vor Seinem Richterstuhl Unterschiede zwischen »Großen« und »Kleinen« unter den Sündern (Off. 20,12).[15)]

Wenn Menschen meinen, sie könnten sich ein Urteil darüber anmaßen, was die Liebe Gottes tun kann oder nicht, dann gilt allgemein das Wort von Paulus: »Ja freilich, o Mensch, wer bist du, der du das Wort nimmst wider Gott? Wird etwa das Geformte zu dem Former sagen: Warum hast du mich also gemacht? … Wenn aber Gott, willens, seinen Zorn zu erzeigen und Seine Macht kundzutun, mit vieler Langmut ertragen hat (die) Gefäße (des) Zornes, (die) zubereitet (sind) zum Verderben…« (Röm. 9,20.22). Hier sehen wir auf der einen Seite die Liebe Gottes, indem Er den Sünder so lange erträgt. Aber diese Langmut kann nicht endlos dauern, sonst würden die Gerechtigkeit Gottes und die Verantwortungsposition des Menschen geringgeachtet. Darum sagt Paulus auf der anderen Seite, daß die Gefäße des Zorns trotz der Langmut Gottes doch zum Verderben zubereitet sind, nicht in erster Linie von Gott (vgl. im Gegensatz damit V. 23: »... die er zur Herrlichkeit zuvorbereitet hat...«), sondern durch den Menschen selbst. Durch Seine eigene Wahl gegen Gott bringt der Ungläubige »ein schnelles Verderben über sich«, um es mit 2. Petr. 2,1 zu sagen. Und für das, was der Mensch noch weiter anmerken könnte, gilt: »Wer bist du, der du das Wort nimmst wider Gott?«

Die Gerechtigkeit Gottes

Die Gerechtigkeit Gottes ist weiter oben schon zur Sprache gekommen. Wir haben auch schon gesehen, daß eine ewige Höllenstrafe nichts von Seiner Liebe wegnimmt. Gott sieht den Qualen der Verlorenen bestimmt nicht mit Schadenfreude zu. Auch auf die Hölle kann man das Wort aus Klagelieder 3,33 anwenden: »Nicht von Herzen plagt und betrübt er die Menschenkinder.« Warum tut Er es dann doch? Weil Gott nicht nur ein Gott der Liebe, sondern auch des Lichts, der Gerechtigkeit und Heiligkeit ist. Die Allversöhnungslehre scheint zwar der Gerechtigkeit Gottes Rechnung zu tragen, indem sie sagt, daß es Ungerechtigkeit bei Gott wäre, endliche Sünden mit unendlicher Strafe zu belegen, aber in Wirklichkeit ist es vielleicht sogar der stärkste Einwand, den wir dagegen anführen können, daß sie der Gerechtigkeit Gottes eben nicht gebührend Rechnung trägt. Dies entsteht (mit) dadurch, daß sie den Charakter der Sünde nicht richtig einschätzt.

Sünde ist eben nicht nur eine Schwachheit, eine zeitliche Unvollkommenheit, die beim Anbruch der Vollkommenheit von selbst verschwinden wird. Nach 1. Johannes 3,4 ist sie vielmehr »Gesetzlosigkeit«, d. h.

nicht nur Übertretung des Gesetzes, sondern Anarchie, das Nicht-Anerkennen irgendeines Gesetzes über sich. Natürlich ist die Sünde in gewissem Sinn »endlich«, nämlich insoweit sie von endlichen Geschöpfen in einem endlichen Zeitraum begangen wird. Aber nicht das ist der Maßstab ihrer Beurteilung (als ob deswegen eine unendliche Strafe ungerecht wäre), sondern ihre innerliche unmoralische Art. Schon in dem irdischen Leben zeigt sich das. »Eine Stunde Unachtsamkeit kann dazu führen, daß man Jahre schreit.« Die Sünde eines Augenblicks kann für das ganze weitere Leben Schmerz und Schande mit sich bringen, wie wir das deutlich bei David nach seiner Sünde mit Bathseba sehen. Noch deutlicher kommt dieser Grundsatz in der Todesstrafe zum Ausdruck. Wegen einer einzigen Missetat kann ein Mensch zu Tode und damit in einen unwiederherstellbaren Zustand gebracht werden. Parallel dazu ist der ewige Tod zu sehen: Ein Leben der Sünde bringt schließlich eine Ewigkeit der Bestrafung über den Menschen.

Wenn die Sünde in gewisser Hinsicht endlich ist, so ist sie in anderer Hinsicht unendlich. Sie schändet nämlich die Ehre der unendlichen Majestät Gottes, tritt Seine Rechte mit Füßen und beleidigt Ihn ins Angesicht. Hier geht es übrigens nicht nur um die speziellen Sünden, die gegen Gott begangen werden, sondern auch um die Sünde als konkrete Macht im Kosmos, eine ständig vorhandene Verunreinigung, die sich fortwährend geltend macht. Der Sünder ist nicht nur jemand, der viele Sünden getan hat, sondern der durch die Sünde beherrscht wird, dessen ganze Haltung und Einstellung von andauernder Rebellion gegen Gott gekennzeichnet ist. Der Sünder hat eine verdorbene Natur, wodurch er fortwährend nichts anderes kann und will als sündigen. Ja, der Sünder würde auch in Ewigkeit nichts anderes wollen, und wenn er schon annimmt, daß es ein ewiges Fortbestehen gibt, dann ist es derart, daß er immer weiter sündigen kann (und das übrigens auch tun wird). Ist es dann verwunderlich, daß Gott den Menschen nicht nur mit zeitlicher, sondern auch mit ewiger Strafe belegt?

So wenig wir uns oft der Verdorbenheit der Sünde bewußt sind, ist das mit der Ehre Gottes der Fall. Begreifen wir auch nur annähernd, was es bedeutet, daß die Sünde die Ehre Gottes schändet? Wie leicht kann ein Mensch sagen, daß er sich nicht »vorstellen« kann, daß Gottes Liebe eine ewige Hölle ertragen könnte. Aber wie leicht kann derselbe Mensch, wenn *seine* Ehre angetastet wird, in Wut ausbrechen und denjenigen, der ihm im Weg steht, heimlich oder öffentlich den Tod wünschen. Die Neigung dazu trägt übrigens jeder von uns in seinem Herz. Wie gut wissen wir unsere eigenen Rechte zu verteidigen, aber wenn es um die Rechte Gottes geht, zeigen wir viel weniger Eifer. Wünschen wir einen noch deutlicheren Beweis dafür, daß bestimmt nicht wir die am besten geeigneten Beurteiler dessen sind, was bei Gott liebevoll, gerecht oder heilig ist?

Die Heiligkeit Gottes

Was oben über Gottes Gerechtigkeit gesagt wurde, kann größtenteils auch auf Seine Heiligkeit angewandt werden. Nur noch dies zu dem Argument der Allversöhnungslehre, das besagt, Gottes Heiligkeit könne es doch nicht zulassen, wenn Millionen Verlorene für ewig fortfahren würden zu sündigen. Wir haben schon festgestellt, daß gerade hierin der Respekt zu sehen ist, den Gott Seinem Geschöpf, das Sein Bild ist, entgegenbringt. Wenn der Mensch nichts anderes will als sündigen, dann bereitet Gott ihm einen Ort, wo er das ungestört tun kann – *aber dann sehr wohl auch mit einer fortwährenden Bestrafung dieser Sünde.* Dieses letztere darf nicht vergessen werden.

Genausowenig darf man vergessen, daß Gott zugleich *durch* und *in* den Ungläubigen *verherrlicht* werden wird. *Durch* die Ungläubigen, weil sie, wie wir sahen, sich vor Gott und Seinem Christus niederbeugen, Ihm Huldigung bringen und Sein Lob besingen müssen (Phil. 2,10f; Off. 5,13). *In* den Ungläubigen dadurch, daß Gott Sich auch gerade in Seinem und durch Sein Gericht verherrlichen wird. Die ewige Höllenstrafe wird eine ewige Verherrlichung der vollkommenen Gerechtigkeit und Heiligkeit Gottes sein, die unser Verständnis übersteigen. »Der Vater hat das ganze Gericht dem Sohne gegeben, auf daß alle den Sohn ehren, wie sie den Vater ehren« (Joh. 5,22). »Gott aber sei wahrhaftig, jeder Mensch aber Lügner, wie geschrieben steht: Damit du gerechtfertigt werdest in deinen Worten, und überwindest, wenn du gerichtet wirst« (Römer 3,4; in Ps. 51,4 steht: »... damit du gerechtfertigt werdest, wenn du redest, rein erfunden, wenn du richtest«).

»Groß und wunderbar sind deine Werke, Herr, Gott, Allmächtiger! Gerecht und wahrhaftig deine Wege, o König der Nationen! Wer sollte nicht (dich), Herr, fürchten und deinen Namen verherrlichen? Denn du allein bist *heilig;* denn alle Nationen werden kommen und vor dir anbeten, denn deine *gerechten Taten* (nämlich im Gericht) sind offenbar geworden« (Off. 15,3f).

»Halleluja! Das Heil und die Herrlichkeit und die Macht unseres Gottes! Denn wahrhaftig und gerecht sind seine Gerichte« (Off. 19,1f; vgl. 16,7).

»O Tiefe des Reichtums, sowohl der Weisheit als auch der Erkenntnis Gottes! Wie unausforschlich sind seine Gerichte und unausspürbar seine Wege! Denn wer hat des Herrn Sinn erkannt, oder wer ist sein Mitberater gewesen? Oder wer hat ihm zuvorgegeben, und es wird ihm vergolten werden? Denn von ihm und durch ihn und für ihn sind alle Dinge; ihm sei die Herrlichkeit in Ewigkeit! Amen« (Röm. 11,33-36).

Anmerkungen

1 Matth. 12,32; 13,22.39f.49; 24,3; 28,20; Luk. 16,8; 20,34; Röm. 12,2; 1. Kor. 1,20; 2,6.8; 3,18; 2. Kor. 4,4; Gal. 1,4; 1. Tim. 6,17; 2. Tim. 4,10; Tit. 2,12; Hebr. 9,26.

2 Matth. 12,32; Mark. 10,30; Luk. 18,30; 20,35; Eph. 1,21; 2,7; Hebr. 6,5.

3 1. Kor. 10,11; Eph. 3,9; Kol. 1,26; 1. Tim. 1,17.

4 Luk. 1,70; Apg. 3,21; vielleicht auch 15,18 und Joh. 9,32.

5 1. Kor. 2,7: »vor den Zeitaltern« = »von Ewigkeit her«; Eph. 3,10: »nach (dem) ewigen Vorsatz«, wörtl. »nach (dem) Vorsatz der Ewigkeiten (oder Zeitalter)«; Jud. 25: »in alle Ewigkeit«, wörtl. »für die ganze Ewigkeit (oder das ganze Zeitalter)«.

6 Matth. 21,19; Mark. 11,14; Luk. 1,55; Joh. 4,14; 6,51.58; 8,35.51f; 10,28; 11,26; 12,34; 14,16; 1. Kor. 8,13; 1. Petr. 1,25; 1. Joh. 2,17; 2. Joh. 2

7 Luk. 1,33; Röm. 1,25; 9,5; 11,36; 2. Kor. 11,31; Hebr. 13,8.

8 Röm. 16,27; Gal 1,5; Phil. 4,20; 1. Tim. 1,17; 2. Tim. 4,18; Hebr. 13,21; 1. Petr. 4,11; 5,11; Off. 1,6.18; 4,9f; 5,13; 7,12; 10,6; 11,15; 14,11; 15,7; 19,3; 20,10; 22,5.

9 Einige Beispiele: Matth. 26,8; Mark. 14,4; Luk. 5,37; 15,4.6.24; Joh. 6,27; Apg. 8,20; 1. Petr. 1,7.

10 Siehe z. B. Matth. 2,13; 22,7; 27,20 (»umbringen«); 8,25; Luk. 13,3.5 (»umkommen«); Joh. 17,12 (»verloren sein«); 1. Kor. 15,18 (»verloren gehen«).

11 Siehe Matth. 7,13; Röm. 9,22; Phil. 1,28; 3,19; Hebr. 10,39; 2. Petr. 2,1.3; 3,7.16; Off. 17,8.11; 1. Tim. 6,9 (»Untergang«).

12 Siehe 1. Kor. 3,17a; 15,33; 2. Kor. 7,2; 11,3; Eph. 4,22; Off. 19,2.

13 In 1. Kor. 15,42.50 ist es mit »Vergänglichkeit« wiedergegeben, in Gal. 6,8 und 2. Petr. 1,4 mit »Verderben« und in Kol. 2,22 mit »Zerstörung«.

14 So nach der rev. Elb. Übers. in Übereinstimmung mit der holl. rev. Voorhoeve-Übers. Die nicht-rev. Elb. Übers. hat hier »gegen«. (A.d.Ü.)

15 Des weiteren könnte man noch anführen, daß die Liebe Gottes sich am deutlichsten in der Gabe Seines Sohnes zeigt (siehe z. B. Joh. 3,16; Röm. 5,8) und daß es auch Seiner Liebe entspricht, durch die Drohung mit dem ewigen Gericht (»der Schrecken des Herrn«; 2. Kor. 5,11) den Menschen zur Umkehr und Erkenntnis dieser Liebe zu führen. Was wäre das für ein Gott, wenn diese Drohung nichts als leere »Panikmache« wäre? Nein, es ist auch Seine werbende Liebe, mit der Er den Menschen zu sich ziehen will. Außerdem: Wenn Gott auf solch eine Art und Weise Seine Liebe unter Beweis gestellt hat, daß es einem schier den Atem verschlägt wegen der unermeßlichen Höhe des Preises, den er bezahlt hat, kann Er dann nicht verlangen, daß der Mensch darauf eingeht? Wie böse muß ein Mensch sein, der sogar einen solchen Liebesbeweis, der zum Inhalt hat, daß Gott Seinen eingeborenen Sohn opfert, um Menschen zu retten, einfach übergeht? Kann man sich wirklich nicht »vorstellen«, daß es für einen solchen Menschen keine Rettung mehr gibt? (A.d.Ü.)